童年內傷

療癒童年傷痕的40個修復練習

CONQUER YOUR CRITICAL INNER VOICE

ROBERT W. FIRESTONE
羅伯特・費爾史東
LISA FIRESTONE
麗莎・費爾史東
JOYCE CATLETT
喬伊絲・卡勒特——著

謝維玲——譯

小樹文化
Little Trees

童年內傷

療癒童年傷痕的
40個修復練習

作者：羅伯特・費爾史東（Robert W. Firestone）、麗莎・費爾史東（Lisa Firestone）、喬伊絲・卡勒特（Joyce Catlett）
譯者：謝維玲

小樹文化股份有限公司
社長：張瑩瑩｜總編輯：蔡麗真｜副總編輯：謝怡文｜責任編輯：謝怡文｜行銷企劃經理：林麗紅
行銷企劃：蔡逸萱、李映柔｜校對：林昌榮｜封面設計：李東記｜內文排版：洪素貞

發行：遠足文化事業股份有限公司（讀書共和國出版集團）
地址：231新北市新店區民權路108-2號9樓
電話：(02) 2218-1417 ｜傳真：(02) 8667-1065
客服專線：0800-221029 ｜電子信箱：service@bookrep.com.tw
郵撥帳號：19504465遠足文化事業股份有限公司
團體訂購另有優惠，請洽業務部：(02) 2218-1417分機1124

法律顧問：華洋法律事務所 蘇文生律師
出版日期：2023年6月28日初版首刷

ISBN 978-626-7304-11-2（平裝）
ISBN 978-626-7304-10-5（EPUB）
ISBN 978-626-7304-09-9（PDF）

國家圖書館出版品預行編目資料

童年內傷：療癒童年傷痕的40個修復練習／羅伯特・費爾史東（Robert W. Firestone）、麗莎・費爾史東（Lisa Firestone）、喬伊絲・卡勒特（Joyce Catlett） 著；謝維玲 譯 -- 初版 -- 新北市：小樹文化股份有限公司 出版；遠足文化事業股份有限公司 發行, 2023.06
面；公分
譯　自：Conquer your critical inner voice: a revolutionary program to counter negative thoughts and live free from imagined limitations
ISBN 978-626-7304-11-2（平裝）
1. 心理衛生 2. 自尊 3. 自我肯定 4. 自我實現

172.9　　112008248

小樹文化
官網

小樹文化
讀者回函

| 國際專家推薦 |

「本書為同類型自助書所受的限制，提供了明智、大膽且具啟發性的替代方案，而且光是探討親密關係的章節就已經值回書價。作者以具體清晰的方式解說複雜的心理現象，並搭配許多可幫助讀者立即實踐的練習，也為想要使用本書進行心理治療的治療師提供了指引。」

——查爾斯・邦納（Charles Bonner, Ph.D.，賓州匹茲堡私人執業臨床心理師）

「本書的明智見解對我的婚姻、親子關係和心理學工作發揮了作用。作者用簡單明瞭的說法，向讀者傳達其心理學研究的關聯性，並且努力協助讀者逆轉遺留在人生中會損害基本福祉和生活權的思考模式，使我深受啟發。」

——理查・沃格爾（Richard Vogel, Ph.D.，*Brief Psychotherapy Methods* 共同作者、舊金山「魏斯－山普森控制掌握理論小組」合作者）

「我非常樂見本書出版，因為它提供了對個人和家庭都非常寶貴的資訊。我們往往會用內在聲音來表達最深層的自我感受，但這些聲音有時充斥著自我批判的訊息。對許多人來說，這些負面訊息會壓抑生產力和成功的親密關係。作者提供了一系列的自助練習，幫助讀者改善與自己所愛和關心的人之間的關係。」

——蓋兒・麥奎肯・普萊斯（Gail McCracken Price, Ph.D.，臨床心理學家、拉德克利夫研討會兼職講師）

一推薦序一

看見童年內傷、擺脫內在束縛

文／派翠西亞・洛夫（Patricia Love）

婚姻諮商專家及《愛在高潮》（*The Truth About Love*）作者

你現在正過著夢想中的美好人生嗎？如果是，那麼你肯定遵循了本書概述的原則。如果你時常感到失望甚至灰心，請振作起來吧，因為本書是為你而寫的。書中有一套強大的計畫，會按部就班帶領你覺察那些操控人生、壓抑活力的內在批判、揭開你能力不足的原因，並給予清楚的指引，幫助你改掉一直「自我設限」的習慣。

本書對我產生了極大的影響。儘管我從事心理治療工作、做研究、寫書、擔任訓練師已經二十多年了，但我也有跟內在批判搏鬥的時候。這個變化多端的怪物會以多種形式出現，包括憂鬱、焦慮、過勞、感情問題、虛榮、精神委靡，以及造成思考麻痺的習慣，例如沉迷於看老電影和電子郵件。令我驚訝的是，本書很快就拆解我的心理防禦機制，並且仁慈的揭露內在批判與我作對的真相。當我照著書中的指示做練習時，我可以感覺自己的心情變好了，對事情的看法也更樂觀。我從這個經驗中得到的結論是，本書帶來了希望；**它以親切的方式描述人類的兩難困境，並且解釋內在批判，最重要的是，它提供簡單易用的步驟，幫助我們擺脫內在的束縛。**

閱讀本書會帶給你豐富的收穫。你可以藉著這個機會面對內在批判，並且認清自己和許多人一樣低估了「負面思考模式操控人生」的程度。你會獲得新的見解，了解為什麼你的工作和感情生活不如人意。（我特別喜歡書中探討親密關係的章節，而且光是描述理想伴侶六大特質的表格，就讓我覺得花錢買這本書是值得的！）

最後，我想建議你給自己充分的時間來實踐書中的計畫。我發現先讀完一個章節，接著做練習，然後重讀那個章節，會帶來很大的幫助。如果你照著建議的方式來進行，我相信你會很滿意的發現，這套計畫能夠逆轉你的負面思考模式。你的內在敵人再也無法躲起來破壞你的成就，而且最後，你會更熟悉真實的自己——你原本可以成為的那個親切仁慈的人。我知道這不是一件容易的事，但我的經驗告訴我，這本書可以幫助我們辦到。

Contents

目錄

8 選擇適合你的治療師

—作者序—

覺察自己的童年內傷，才能釋放自己、做出改變

「我們的想法塑造了我們的人生。」

——馬可斯・奧理略（Marcus Aurelius，羅馬帝國皇帝）

本書提出了許多重要的問題：「你究竟過著誰的人生？」「你現在正充滿幹勁的追尋自己的人生，還是不經意的過著別人設定的人生？」「你是真的在追隨自己的命運，還是在重複父母的人生？」這些是每個人都要認真思考的問題。**覺察內心的自我對話、意識到自己可能正在用負面思考模式過日子，是相當重要的**。明白自己跟所有人一樣有個分歧的內在世界（從某方面來說，就是有個「內在敵人」在攻擊自己）並不好受，這是可以理解的，但卻對你有益。當你有了這種覺察，就能釋放自己，然後開始做出改變。

本書的目標是為你提供這二十五年來從內在批判的研究中獲得的見解，並運用方法

幫助你擺脫這種破壞性過程造成的危害。你愈明白自己內心確實有個敵人，就愈有機會克服它對人生帶來的負面影響。書中的指引與練習會帶領你辨識內在批判、了解它從何而來，然後採取反制行動，活出更好的人生。許多參與研究者的親身經歷已經證明，你可以利用這些資訊來增進個人發展、擁有更滿意的親密關係、在事業上有所成就。

本書著重於認識內在批判的各個層面，包括相關的情緒反應以及對我們日常生活造成的衝擊。書中的章節說明了如何辨識和減輕內在批判帶來的深遠影響，使你能夠發揮自己的理想和價值觀、建立優先順序、探尋生命的意義，活出更滿意的人生。書中的建議、指引和技巧，是以臨床心理學家羅伯特・費爾史東研發的「話語治療法」（voice therapy）為依據。羅伯特・費爾史東博士擁有多本著作，包括（以下書籍尚未有繁體中文版）：《幻想連結》（*The Fantasy Bond*）、《話語治療法：自我毀滅行為的心理治療法》（*Voice Therapy: A Psychotherapeutic Approach to Self-Destructive Behavior*）、《仁慈的教養》（*Compassionate Child-Rearing*）、《戰勝破壞性思考模式》（*Combating Destructive Thought Processes*）、《自殺與內在聲音》（*Suicide and the Inner Voice*），以及與喬伊絲・卡勒特合著的《日常生活中的心理防禦機制》（*Psychological Defenses in Everyday Life*）和《親密恐懼》（*Fear of Intimacy*）。

本書架構

本書分為三大部分：

第一部分〈源自童年的內在傷痕〉描述了日常生活中最常經歷的內在批判和敵對聲音，這些聲音在意識層面發生作用，而且幾乎普遍存在。第一章解釋這些聲音從何而來，包括它們最初如何形成，以及如何在童年時期得到強化。該章也提供日誌範例，協助區分這些負面想法，並且從比較真實且仁慈的觀點看待自己。第二章說明內在批判如何貶低自尊，使人們對真實存在或想像出來的缺點感到恥辱，還有如何加深內疚感，導致人生經驗無法向外擴展。該章節也提供建議和練習，藉由辨識內在批判來幫助減輕內疚和恥辱感。

第二部分〈受傷的內在、受限的自我〉的各個章節，具體描述了在各種日常狀況下阻礙我們達成特定目標的負面想法或聲音，同時提供指引和練習，減少那些聲音並改變受它們操控的行為。

第三章指出造成工作效率低落的負面想法，解釋為何許多人會做出「不利於成功」的反應，並針對如何改變行為及建立良好工作習慣提出建議。第四章談到讓我們在最緊密的親密關係中陷入苦惱的內在批判，以及這些聲音如何犧牲真實的愛和親密關係來換取愛的幻覺。第五章說明為何幾乎沒有人倖免於家庭、同儕和社會對性與身體的態度帶來的傷害。該章節也提供練習，幫助伴侶辨識對性生活造成阻礙的負面聲音，重新找回性欲和親密感。

第六章揭開隱藏在各種自我挫敗行為背後的聲音，特別是與成癮有關的思考模式，也針對這些矛盾的內在聲音提出辨識和反制之道。第七章探討憂鬱問題，並指出自我毀滅的想法如何演變。這些自我毀滅的想法輕則使人生受限，重則導致嚴重的自毀行為。書中的練習可以幫助辨識引發憂鬱的負面想法，並針對「如何改變受到這些想法所影響的行為」提供建議。

第八章討論選擇治療師或諮商師時需要尋找的特質，以及如何找到一位好的治療師。這些資訊可以提供給想要追求個人發展，或在人生特定領域尋求專業協助的讀者作為參考。

第三部分〈擺脫過去、擺脫童年內傷〉，第九章可以幫助父母了解內在批判如何在童年時期形成，以及令人遺憾的是，這個社會如何支持孩子從小養成這種負面的思考模式。沒有什麼比孩子的未來更重要，因此該章節會提供指引和建議，幫助父母用正向、仁慈的角度善待自己，進而為孩子帶來正面的影響。

第十章提到許多人如何持續辨識、挑戰及反制內在批判，展開自我探索之旅。為了補充先前章節的方法、建議和練習，作者也提供由費爾史東博士研發出來的額外步驟，讓讀者可以透過它們邁向更美滿的人生。由於領悟到許多內在及外在力量會使人生受限、受害及受挫，費爾史東博士在另一本著作《創造有意義與仁慈的生活》（*Creating a Life of Meaning and Compassion*，無繁體中文版）中，針對有益於個人福祉及個人發展的經驗類型，提出了他的觀點。這一章也會指出培養友誼、擁有寬大心胸、建立自己的價值觀、勇於在親密關係裡表現脆弱的一面、學習面對痛苦問題而不自我防禦的重要性。

本書可以幫助讀者揭開並戰勝損害自我意識、活力、達成人生重大目標能力的破壞性思考模式。我們在人生中受到的限制有很多是自己造成的，而且原因是來自透過不切實際和負面的角度，看待自己和他人。因此，**本書希望指出內在的負面力量如何導致人們在人生遇到難題時，產生許多不必要的痛苦和煩惱，同時提供方法，幫助人們反制並改變這些力量，進而發揮自己的獨特潛能。**

給治療師的話

「話語治療法」可以用來輔助認知行為治療、心理動力治療，以及存在主義／人本主義心理治療。如果你想深入了解話語治療法的基本理論及步驟，不妨閱讀以下書籍：《話語治療法：自我毀滅行為的心理治療法》、《戰勝破壞性思考模式》、《自殺與內在聲音》，以及與喬伊絲・卡勒特合著的《親密恐懼》。除此之外，你也可以觀看以真人實例解說的話語治療法訓練影片。你可以從格蘭登協會（協會地址：5383 Hollister Ave. No. 230, Santa Barbara, CA 93111, USA）取得由費爾史東博士與喬伊絲・卡勒特合著的《話語治療法訓練手冊》（*A Voice Therapy Training Manual*）和本段提到的所有素材。如需有關話語治療法訓練研討會的資訊，也可參閱協會官網 www.glendon.org。

認知行為治療師

本書可為認知行為治療提供重要的補充資料。個案用來記錄自我負面想法的日誌，可以直接帶進晤談時段中討論。書中的練習可以當作家庭作業，成為治療過程的重要一環。各種關於負面自我陳述的問卷，可以鼓勵個案在晤談時段中討論他們先前不曾提起的重要主題或資料。練習和問卷有助於深入研究個案的認知、情感與行為之間的關聯。採用分割頁面格式的日誌做紀錄，可以幫助個案透過「現實檢驗」（reality testing）及「設定目標」，來驗證和反制那些扭曲、自動化的負面想法，同時採取行動加以改正。這種日誌格式還能幫助個案培養洞察力，透過可以整合到認知行為治療的方式，進行行為改變、挑戰內在批判的真實性。

話語治療法揭露的不僅是負面或功能失調的認知，還有與之相關的感受。在受到強烈影響的情況下辨識「自動化思考」，可以提供改變核心基模所需要的「熱情緒氛圍」。

心理動力／心理分析治療師

在心理動力治療方面，本書說明了人生早期的客體關係（object relations）*如何影響日後的發展和人格動力，並透過實用方法（練習、問卷和日誌）了解將父母負面特質向內投射的心理機制——或是「依附理論」（attachment theory）中所謂：基於防禦機制排除在意識之外的「內在運作模式」。個人的故事、例子和日誌，可以幫助個案深入了解「部分無意識」的過程，也能讓治療師取得類似透過自由聯想技巧獲得的臨床資料。這些資料可以揭露內在運作模式或表徵，如何顯現在個案目前的生活中。

話語治療法有助於臨床分析師深入了解個案的教養環境。我們發現，這些練習往往會引導個案提出先前在治療過程中，可能尚未解決的問題。此外，將個案的移情現象，理解為「試圖重現自己在原生家庭中遭到排拒的經驗」，有助於臨床分析師對個案的人格動力形成概念，並進行解析，比方說，表現出負面移情反應的個案，比較容易認同問卷中預測「遭到排拒」等負面後果。

存在主義／人本主義心理治療師

存在主義／人文主義心理治療師，可能會對個案所認同有關內疚、自我否定、疏離、絕望和放棄的負面想法特別感興趣。存在主義心理治療師了解人們的死亡焦慮跟生活中的正面及負面事件都有關聯，因此可以詢問可能引發負面治療反應或個案自我毀滅行為的正面或負面事件。閱讀本書會幫助個案更了解孤獨與死亡的存在性問題，以及自己如何形成對死亡感到焦慮的防禦心態。此外，第十章可以鼓勵個案即使知道死亡難以避免，還是要擁抱生命，並利用自己對「有限存在的意識」來豐富生命，而不是放棄生命。

＊編注：相對於「自體」，也就是「我」；「客體」代表著與「我」有互動與連結的人事物。「客體關係理論」說明的就是我們與客體的互動，如何影響我們的性格。

｜致謝｜

我們特別要感謝譚森・費爾史東（Tamsen Firestone）整理、修改及釐清本書的觀點，並展現非凡的敏銳度和洞察力。我們也要感謝她團隊裡的優秀編輯喬・巴林頓（Jo Barrington）和蘇珊・紹爾特（Susan Short）不斷對書稿給予評估和指教；感謝安・貝克（Anne Baker）協助定稿；感謝崔西・拉金（Tracy Larkin）和莎拉・胡普斯（Sara Hoopes）重現書中的練習；感謝金娜・卡瓦洛（Jina Carvalho）提供大量的書面和錄影資料，闡明這些概念和方法。

我們也要感謝馬修・麥凱（Matthew McKay）鼓勵我們寫這本書。我們尤其要向那些為書中的觀點和方法賦予生命的人們致上謝意，感謝他們坦誠揭露自己的故事，為內在批判和幻想連結的知識庫做出貢獻。

書中提到的名字、地點和其他識別性事實皆為虛構，如有雷同，純屬巧合。

「我們要將本書獻給羅伯特・費爾史東博士。過去二十年來，他提出鼓舞人心的見解，不僅改變了我們，也改變了透過我們的演講接觸到這些見解的聽眾。基於聽眾的回響，我們説服他與我們合寫本書，讓這些見解更容易為普羅大眾所理解。我們要向羅伯特・費爾史東博士表示敬佩和謝意，因為他勇於揭露心理防禦機制的破壞力，並持續挑戰心理學界和社會的傳統信念。」

——麗莎・費爾史東與喬伊絲・卡勒特

Part 1

源自童年的內在傷痕

Part 1著重於探討人們在日常生活中最常察覺到的內在批判，以及對他人所抱持的敵意和不信任感。這些內在的批判源於童年時期，並且延續到成年階段，它們通常存在於意識層面，而且在各種文化背景的人身上都十分常見。以下章節主要在說明內在批判如何貶低自尊，並藉由恥辱和內疚感局限你實現人生目標的能力，各章中的練習可以幫助你辨識那些破壞性思想、觸發它們的事件，以及受到它們影響的行為，同時建議透過幾種技巧來對抗內在批判的影響，提升自我價值感和自尊感。

Chapter 1

隱蔽而難以覺察的內在敵人

「我們允許自己受到念頭和情緒的控制，不僅如此……我們允許負面衝動和其他煩惱左右我們的念頭和情緒……如果我們繼續讓這種情況發生，只會引發痛苦與折磨……凡是帶來苦難或傷害的都應該稱為敵人，這代表我們的終極敵人其實就在自己的內心。」

——第十四世達賴喇嘛

有個即將發表演講的男子在想：「我一定會讓自己出糗、一定會講出蠢話，大家都會嘲笑我，誰會想聽我說什麼呢？」

有個準備去約會的女子對自己說：「你憑什麼認為他會喜歡你？你最好想點有趣的話題，否則他不會再打電話來了。」

有個在找工作的年輕人想著：「對這份工作來說，我太年輕又沒經驗，何必花功夫寫履歷呢？反正也應徵不上。」

有個在學校考試的孩子心不在焉的想著：「我好笨！什麼都不會，我一定會考不及格的。」

你有過這樣的想法嗎？它們對你的人生帶來了什麼影響？當你出現這些想法時，你有什麼感覺？你可以藉由「察覺」這些想法以及它們對你的行為和情緒造成的影響，更加掌控自己的人生。熟悉內在批判的各個面向，可以讓你的行為與真實的人生目標更趨於一致。

隱藏在我們內心、控制我們行為的內在批判

為什麼那個即將發表演講的男子，會打擊自己的信心，反倒把自己搞得更緊張呢？為什麼那個年輕人會預言自己找不到工作呢？為什麼他們會從負面的角度看事情，用一種不利於自己感受和行為的方式去預測未來呢？

這種破壞性思想，會嚴重影響我們的行為以及應對日常生活的方式。比方說，那個演講者後來真的講得結結巴巴，而那個遲遲沒有寫履歷的年輕人，最後也沒有得到他想要的工作。

我們大多數人就像那位演講者一樣，知道敵對想法會使自己更緊張、影響自己的表

現，但往往低估了它們操控人生的程度。上述例子中那些自我嘲諷、自我輕視的內在批判，只稍微揭露了我們內心對自己的憤怒，而且只是比較顯眼的一小部分而已。其實，**我們內心藏著一個由破壞性思想、看法和心態組合而成的強大敵人，它會控制我們的行為、妨礙我們追求個人和事業目標，導致我們在很多時候陷入負面情緒中。**

你有個像這樣的內在敵人嗎？本章會幫助你辨識內在批判，並深入了解它們如何透過許多方式影響你的人生。具備這種覺知，正是戰勝內在批判的第一步。

仁慈友善的「真實的自我」，以及負面敵意的「內在批判」

每個人的內在都存在著分歧，對自己想要達成的人生目標和理想都會產生一種基本的矛盾。一方面，我們擁有自我尊重的溫暖感受，也有自己感到滿意或自在的特質和行為。我們不僅渴望建立親密關係、找到生命的意義，也具有成長發展的自然傾向，會去追求個人目標和事業成就。在本書中，這些傾向被稱為「真實的你」或你的「真實的自我」，因為它們是由一種仁慈、友善的自我觀感所組成。

另一方面，我們會從敵視與批判的角度看待自己。這些破壞性思想和心態通常會變得強烈，進而凌駕那些較為切實或正面的思考模式，導致我們對自己設限、無法達成目標，有時還對他人產生敵意和不信任感。在某些充滿壓力的情況下，這種負面思考模式可能會操控我們的行為，甚至引發嚴重的自我毀滅行為。在本書中，這種負面思考模式及其帶有敵意和批判性的觀點，就稱為「內在批判」，因為這是在內心反抗「真實的自我」的部分。它不僅會引發自我挫敗行為和自我毀滅行為，也會助長從憤怒或有害的角度看待他人的心態。

你的觀點、行為、與他人的互動方式，都會隨著在特定時間「哪部分人格」（真實的你或內在批判）比較明顯，而有所不同。也許你已經在親近的人身上注意到這種有趣現象，他們自在時的表現與不自在時的表現有著極大差異——當他們感到自在時，通常顯得放鬆、較討人喜愛；當他們受到內在批判影響時，通常顯得緊張、不討人喜愛。

我們為什麼會有內在批判？

為什麼我們這麼會跟自己作對？這個內在敵人是從哪裡來的？為什麼會有內在批判？這些問題的答案來自童年期，也就是我們還在努力學習應付日常生活的階段。

我們內在分歧的程度和性質，會因為父母的教養方式和早期的成長環境而有所不同。父母和所有人一樣，也存在著自我矛盾——他們有自我滿意的地方，也有自我批判的想法和感受。**遺憾的是，父母常用相同的負面心態對待自己的孩子，因此儘管愛孩子，他們也會把批判性想法和負面感受加諸在孩子身上。**當父母覺得自己不好，就很難相信自己可以當個好榜樣。除此之外，孩子往往會喚起父母兒時的感受——即使孩子什麼也沒做。如果父母兒時的創傷或失去經驗留下了尚未解決的情緒，那些情緒也會影響他們對孩子的反應。

每個人的童年都會出現「需求得不到滿足而引發挫折或痛苦」的狀況，我們都遇過被父母或主要照顧者排拒、忽略甚至敵視的經驗，無論發生的次數多或少，那些事件都在我們腦海中留下深刻的印象。

如果被問起父母失控的時刻，我們多半都能出乎意料的詳細描述出來。雖然我們通常不記得是什麼事惹父母生氣，但那時的感受一直鮮明的留在我們的記憶裡。我們不得不保護自己，避免經歷父母對我們發怒、使我們難堪、忽視我們的感受時所引發的恐懼、焦慮和痛苦——儘管他們是出於善意。

孩子學會按照父母對待他們的方式來對待自己，換句話說，他們會透過父母的教養方式來「自我教養」，父母如何安慰或懲罰他們，他們就如何安慰或懲罰自己。

童年的心理防禦機制，阻礙著成年的人生

心理防禦機制是我們應付壓力或痛苦狀況的方式。童年時期，我們發展出與在家中經歷的痛苦程度相應的防禦機制，這些機制為年幼的我們提供了幫助，但如今我們長大了，它們卻導致我們對自己設限、無法充分發揮潛能。心理防禦機制就好比人體對肺炎產生的反應：我們的免疫系統在偵測到肺部有細菌時，會產生抗體來抵抗細菌入侵，然而當這種免疫反應比受侵襲的程度更激烈時，就可能導致肺積水，對我們構成威脅。同樣的，在幼小脆弱的童年時期，我們為了因應痛苦狀況而建立的心理防禦機制，可能會變得比最初受到的創傷更具破壞性，成為日後的人生問題根源。

第一道防線：幻想連結

羅伯特．費爾史東博士在一九八五年研究發現，我們在年幼時期建立最基本且強大的心理防禦機制（我們在經歷痛苦時，取得寬慰和安全感的心理防護方式），就是幻想「自己與母親或主要照顧者有著緊密的關係」。他把這種防禦機制稱為「幻想連結」（fantasy bond）。

人類用想像來減輕痛苦的能力是很驚人的，例如二次世界大戰期間就有研究發現，挨餓者確實能夠透過幻想食物來減少飢餓感。嬰兒也有自我安撫的本能，他們會靠著先

前吃奶的記憶和印象來舒緩飢餓感、挫折感，以及與母親暫時分離的焦慮感。

當父母經常沒有時間滿足嬰兒的需要，或者時有時無，嬰兒就會愈來愈藉助於腦海中與父母緊密連結的幻想。如同大多數的情況一樣，這種幻想會取代真實的滿足感，成為孩子自我滿足的憑藉。如果嬰幼兒能夠表達這種「偽獨立」感，他們大概會說：「我不需要任何人，我可以照顧我自己。」

為了支撐這種自給自足的錯覺，孩子也會做出緩解緊張情緒的舉動，例如吸吮拇指、抱著小毯子，以及長大之後一些幫助自己麻痺痛苦感受的行為。事實上，幾乎任何行為只要做過了頭，都能滿足這個目的。很多時候，我們會依賴幻想連結和這些方式來安撫自己，而不是靠別人來滿足我們的需求。

嬰兒時期幻想與父母緊密連結的過程中，我們會「內化」父母對待我們的態度。很不巧的，**除了正面態度，我們也內化他們的負面態度，這就構成了內在批判的基礎。**

在下面的例子裡，我們可以看到一個孩子如何發展出自給自足的幻想，還有支撐這種幻想的行為。

案例

對儀式成癮的凱拉

凱拉的爸爸媽媽在結婚三年後生下凱拉。由於第一次當父母，他們對照顧新生兒有點手足無措，而且往往過度保護。他們用盡了各種想得到的方法來安撫頻繁哭鬧的凱拉，包括拿奶嘴給她、播放音樂、不停搖著她。儘管他們一直給予關注，凱拉似乎永遠都在啼哭。

凱拉的媽媽小時候經歷過被父母排拒的痛苦，所以在抱著女兒時總是很緊張。她會把凱拉緊緊抱在胸前，一邊走來走去，一邊用誇張的動作上下抖動她。凱拉的爸爸則被動的遷就妻子，按照她的指示以相同的儀式來安撫凱拉。

這對父母在凱拉一歲大時出現了婚姻問題。凱拉經常看不到媽媽，開始變得愈來愈焦躁不安，而且似乎只有一個辦法可以安撫——她堅持要大人站著抱她。她會把頭埋在大人的肩上，全身有氣無力，然後停止啼哭、變得很安靜。她會像布娃娃一樣軟趴趴的躺在大人的懷裡，雙眼微閉而呆滯。在這種時刻，她會露出類似吸毒者的神情。

到了兩歲半時，凱拉開始出現退縮的傾向，似乎經常迷失在自己的世界裡。她偏愛用一種獨特的方式玩玩具，那就是反覆把積木、硬幣或遊戲卡堆疊或排列得整整齊齊。如果玩伴挪動了她堆好或排好的東西，她就會尖叫。除此之外，凱拉也不喜歡與人親密接觸，她會做出古怪的表情並向後退，躲避他人的關愛。

凱拉有自己的睡前儀式，而且不接受任何更動。她會要求按照一定的順序聆聽歌曲、床邊故事，然後進行她最喜愛且熟悉的儀式——讓爸爸或媽媽抱著，然後把頭埋在父母肩上，不去注視這個世界。她會要求重新聆聽某首歌曲或某個故事，如果大人建議換成別的歌曲或故事，她就會繃緊身體並大叫：「不要！不要！我不要別的歌！我不要別的歌！」

凱拉似乎失去了許多正常的需求和欲望。受到父母情緒焦慮不安的影響，她發展出自給自足的幻想，並且藉由儀式化的活動和物品來加強這種自己可以照顧自己的幻想。當別人打斷這些活動時，她會恐慌和暴怒，因為她的幻想正遭受威脅。由於這些儀式減輕了她在年幼時期經歷的痛苦，也滿足了一部分的需求，因此隨著年齡增長，她變得愈來愈依賴它們。基本上，她的真實需求已經轉變為「不斷尋找某樣東西來填補內心的空虛」，然而當她找到那樣東西時，她的滿足感總是維持不了多久，以至於她很快會繼續尋找下去。到了三歲大時，凱拉已經變得很像成癮者，而使她成癮的就是那些儀式和活動。

死亡的概念如何加深幻想連結

在三到七歲這段期間，我們會開始認識到死亡的必然性，而這種新的認知會引發深沉的悲傷和恐懼，把我們的世界弄得一團糟。我們會發現，原本以為永久存在的事物其實都是暫時的，包括自己的生命。為了應付這種難以抵擋的感受，我們會依賴在人生早期面對痛苦經驗時所建立的同一套心理防禦機制。這麼一來，原有的防禦機制就會受到強化，更深植於我們的人格中。

對死亡有了認知之後，許多孩子會在深層的潛意識層面上發誓，永遠不要對生命完全投入，也永遠不要完全依附另一個人，因為他們知道自己的生命和摯愛的人總有一天會逝去。我們可能選擇與生命站在同一邊，明知人生苦短也要全力投入其中；也可能選擇與死亡站在同一邊，築起自我防禦的高牆並對人生設限，讓自己免於承受死亡的恐懼。因此，在日常生活中察覺自己站在哪一邊是相當重要的。

第二道防線：將憤怒的父母內化

各個年齡層的兒童對痛苦和負面氛圍都有敏銳的感知力，即使父母只是稍微不高興，他們都會注意到，並且深受影響。無論父母有沒有把怒氣發洩出來，他們可能都會有「生命遭受威脅」的感覺（在極端狀況下，他們的感覺可能很準確）。**處於壓力情況下的兒童，經常覺得自己的生命受威脅，並且感到害怕。**

面臨壓力和恐懼時，孩子不再認為自己是無助的一方，反而會認同責罵他們或體罰他們的父母。孩子會同化或內化父母當時的狀態，也就是情緒最糟時的狀態，而不是日常的狀態，他們往往會心懷憤怒、恐懼或自我憎恨——事實上，包括父母當時正在經歷的整個複雜情緒。讓我們看一下華特與兒子吉米的例子。

案例

完美主義的華特與總是苛責自己的吉米

華特平常與兒子吉米相處時都很隨和輕鬆，但只要他們一起做東西，華特的完美主義和批判性格就會顯露出來——即使他努力讓氣氛變得愉快。在參加親職團體的討論時，華特開始意識到自己在試圖教導兒子時遇到的問題，並且談到自己的批判傾向：

「在吉米很小的時候，只要他沒有把事情做對，我就會很生氣。比方說，如果我們一起做模型飛機，他沒有把東西握好或發生類似的情況，我就會立刻不耐煩，堅持要他照著正確的方法去做。有時候我會痛罵他一頓，但通常我會走開，讓他自己去弄清楚。我不知道他怎麼有辦法從我身上學到東西。」

吉米長大之後，在許多方面都會用批判的心態看待自己。儘管他在大學有不錯的成績，而且積極參加體育活動，但他常常會自我苛責，尤其在製作東西的時候：

「我有想過我是怎麼苛責自己的，還有我如何給自己那麼大的壓力。念文理中學時，我總是擔心無法每科都拿A，就算我只拿到一個B，我還是覺得很糟。在參加體育活動的時候，我的表現如果不是最棒，就只能是最壞，無法介於中間。我不能單純做自己。如果我在打棒球時犯了一個錯，我會把自己批評得體無完膚。我覺得我是個白痴，我的意思是，我會坐在那裡喊自己白痴一百次，就像在腦海裡對著自己尖叫那樣。

「每當我試著製作某樣東西，我都會感到害怕。有時我會緊張到雙手發抖，並且開始對自己說：『你真的很笨手笨腳，為什麼你什麼事都做不好？你是個白痴，一個機械白痴。別人做這種事都不會出問題，你到底有什麼毛病？』」

學會分辨「內在批判」與「真實的自我」

我們內在的正向層面始於個人特質——身體能力和特徵、氣質、特定傾向、自然形成對父母或主要照顧者正面特質的認同，以及正面的情緒經驗，包括我們所學的東西、喜歡的事物，和有助於成長發展的經驗。

什麼是「真實的自我」

「真實的自我」是人格中沒有防禦機制的部分。隨著父母及其他相關成年人的教養品質和行為，以及對我們投入的愛與關懷，這個真實的自我會逐漸成長和發展。

練習 1

試著想像眞實的自我

請在本練習裡列出你的才能和優點，包括你對自己滿意或欣賞的特質，還有你的短期和長期人生目標、特殊興趣和特別喜愛的活動。比方說，哪些人或目標對你來說很重要？你的價值觀和理想是什麼？最後，請寫下你要如何實現目標。

我的才能：

我的正面特質：

我的興趣與喜愛的活動：

我的長期目標：

我的短期目標：

我要如何實現目標？

內在批判如何擾亂我們的日常生活

內在批判來自人格中充滿自我防禦和否定、不利於個人發展的那一面。它由一連串具有敵意和批判性的負面想法組成，這些想法背離你的最大利益、削弱你的自尊感，還使你對他人設防、用負面悲觀的心態看待周遭的世界。這種聲音除了包含破壞性的念頭、態度和看法，也包含了人們在這種思考模式下都會經歷到的憤怒或悲傷情緒。

每個人都有程度不一的內在批判。它會破壞我們從真實角度詮釋事件的能力、引發負面情緒、阻止我們追求人生的滿足感和意義。在本質上，這種聲音會導致我們受困於自己的心理防禦機制，而人格中較健康的那一面（真實的自我）則是努力擺脫防禦機制的束縛。這些內化的破壞性想法，會引發與自己疏離也與我們所愛之人疏離的感受。當我們聽從內在批判的負面詮釋，而且沒能加以質疑時，往往就會做出為自己帶來負面後果的行為。

儘管大多數人都能意識到這種內在聲音的某些層面，許多負面想法卻存在於無意識的層面上。有時候我們會清楚察覺到內在批判在對我們說什麼，但**有時候我們可能不大清楚自己的負面想法，以至於完全相信或接受自己的負面形象**。此外，我們可能沒有充分意識到這些想法對我們的情緒、行為和生活方式造成的破壞性影響。需要注意的是，我們在這裡討論的內在批判並不是幻聽，而是你腦海中的想法。

內在批判不是良知，也不是道德指引

內在批判並非良知或道德指引，雖然它有時似乎與我們的價值觀和理想相關，但是通常會在事後出現對我們不利的話語。

內在批判與良知最大的區別，是具有羞辱人格、懲罰性的特質。**它的貶抑語氣往往使我們更憎恨自己，而不是激勵我們用建設性的方式改變不好的行為。**這些破壞性的想法充滿矛盾——它們會先影響我們，引發自我挫敗行為，然後以此為理由譴責我們。此外，內在批判經常把人生中正常的欲望、願望和目標變成「應該」的事，也就是說，我們「應該」這樣做或那樣做才能成為一個好人。當我們沒能實現這些「應該」做到的事時，內在批判就會嘲笑和指責我們的失敗。

內在批判如何對我們「說話」

大多數人經歷到的內在批判是「第一人稱陳述句」，也就是用「我」當主詞的句子，有些人則覺得好像別人正在對他們說話，例如有位先生就把他的內在批判稱為腦海中的「董事會議」。

將內在批判換成第二人稱「你」，就好像別人在對你說話，是很有用的檢視方法。

這個方法有三大優點：

(1)它可以幫助你區分自我批判觀點和較為切實的觀點。

(2)它會讓你開始想起以前可能沒有意識到的其他負面想法，也就是潛意識的想法。

(3)它會引發通常與這些想法相關的感受，並讓你意識到內在批判的嘲諷語氣。

練習 2

找出內在批判、看見內心的攻擊話語

請在本練習的右欄，用第一人稱「我」來記錄你的自我攻擊話語。例如：「我覺得自己好笨。」或：「我對這種工作不是很在行。」**接下來，請在左欄用第二人稱「你」重寫右欄這些句子。**例如：「你好笨。」或：「你對這種工作不是很在行。」

在左欄用第二人稱「你」記錄了一些想法之後，把它們大聲唸出來。你有沒有注意到，那些話帶給你的衝擊比第一人稱陳述句還要大？它們是不是會引發你的憤怒或其他感覺？當你用第二人稱大聲唸出來時，你的語氣聽起來是不是很生氣？大聲唸出這些句子是否會讓你想起以前沒有注意到的其他聲音？

請用「我」當主詞，寫下自我批判

例如：「我不覺得我好看。」

請用「你」當主詞，寫下自我批判

例如：「你長得不好看。」

熟悉自己的內在批判

內在批判通常是在腦海中接連出現的評論，它以帶來痛苦和憂慮的方式解釋事件和人際互動狀況；它是一種內在的自我對話，而且充滿苛責與批評。本質上，內在批判就像濾鏡，會根據過去發生的負面經驗對眼前的事件做出負面解釋。在人生早期遇到愈多這類事件和失去的經驗，就愈有可能以破壞性的方式解釋現今的情況和人際互動。

無論在私人關係還是在工作中，我們每天都會經歷許多事件、跟許多人互動。在內在聲音的影響之下，我們可能會依據自己的觀點對同樣的事件或人際互動產生截然不同的反應。如果我們透過負面濾鏡去看那些情況，可能就會覺得灰暗陰鬱，但如果從真實的自我角度去看，那麼同樣的情況或事件對我們來說可能是光明而樂觀的。

因此我們必須明白，**招致痛苦的主因往往不是發生在我們身上的事件，而是我們透過內在批判去過濾和解釋那些事件**。如果從這個角度去看生活，那麼當我們犯了錯，無論再怎麼輕微或不重要，都會苛責自己或感到灰心喪志。很多時候，我們誇大了犯錯的後果，而且告訴自己還會繼續失敗，甚至永遠不會成功，應該完全放棄。

多多察覺這個內在敵人，可以讓我們明白為什麼自己經常被迫從負面角度解釋事件。認識內在批判是改變的第一步，然後我們就能開始選擇忽略內在批判帶來的影響，用更切實的心態過生活、擺脫想像出來的約束和限制。

練習 3
寫日誌：學會分辨內在批判與真實的自我

日誌可以成為幫助你辨識並挑戰內在批判的有效工具。**請在本練習的右欄記下你今天對自己產生的負面想法，記得要使用第二人稱「你」來陳述內在批判**，就好像別人在對你說話一樣。每天花十到十五分鐘回想當天經歷的負面想法是很有幫助的，讓那些想法自然浮現、不要去審視，並且充分表達你的負面想法、不要害怕，你不必相信這些話或採取任何行動。坦白的記錄下來其實可以幫助你全面了解你的負面思考模式，也能讓你更懂得控制它們。此外，如果那些想法不合邏輯，不要擔心，別忘了內在批判是不理性的，那些想法經常互相矛盾。當你在右欄寫完內在批判以後，花點時間檢查一下，確保你使用第二人稱的方式來陳述。**接下來，在左欄試著從較為友善、仁慈且切實的角度寫下你對自己的觀感、你的特質還有你的反應。**你的好友或客觀的旁觀者會如何看待或談論你以及這種情況？請務必使用第一人稱「我」來陳述這種較友善且仁慈的觀點。這個練習不是要你用自我肯定的陳述句來鼓舞自己，而是要從客觀但仁慈的真實自我角度來看待自己。你會如何真實的看待自己？

把練習影印下來，做成獨屬於你的日誌。在一整個星期裡持續在右欄記下你經歷的負面想法，然後如上所述，在左欄寫下對自己較為仁慈的看法。

用「你」當主詞寫下內在批判

例如：「你好笨。」

用「我」當主詞，寫下真實的自我

用比較友善的角度，對右欄所寫的事件，寫下自己的觀感，例如：「有時候我覺得工作很難，但我很快就會搞懂，然後做得不錯。」

內在批判不僅會攻擊我們，也會攻擊別人

內在批判不僅會攻擊我們，也會攻擊別人。如同我們對自己的看法存在著分歧，我們對生命中重要人物的看法也有分歧的時候。事實上，我們對自己和他人的觀點都帶有矛盾，這更證明所有人的內在都是不一致的。有時候，我們覺得自己所愛的人很可愛，對他們充滿關愛和情感；但有時候，我們會特別注意他們的錯誤，用不信任的眼光看他們。例如，我們可能會發現自己對伴侶或朋友產生懷疑：「他一點也不在乎我的感覺，太遲鈍了。」或者：「她真是幼稚、不負責任。」或是對一般人懷有戒心：「你不能相信任何人，沒有人真的在乎，每個人都是為自己著想。你要小心，不然會被人利用。」

對別人產生的負面觀點往往與自我貶抑的心態並存。人們遭遇失敗時，自責與責怪別人的狀況經常交替出現——有時對自己說出批判性的話語，有時又表達出對他人充滿懷疑或偏見的心態。不過有些人用扭曲或懷疑心態看待別人的傾向，比自我攻擊的傾向還要明顯。

如何覺察生活中的內在批判

戰勝內在批判最有效的策略之一，就是「察覺可能導致我們落入自我攻擊過程的狀況和經驗」。在日常生活中，我們可能會發覺有時在遇到某些事以後，心情會變得很糟或很煩。事實上，當我們的情緒從樂觀或放鬆轉為低落或煩躁時，可能就代表我們正透過內在批判解釋發生的事件。**光是察覺自己落入自我攻擊的過程，就能為戰勝內在批判帶來幫助**。下一步則是辨識我們在自我攻擊過程中所說的內容。

辨識誘發內在批判的事件

如果你在過去一週注意到自己的情緒發生轉變，例如從「感到相對快樂和滿足」變成「感到沮喪」，請試著回憶在你情緒轉變之前發生的事件或人際互動。在回想事件或對話的細節時，請試著記住當時你對自己說的話。雖然許多情況和遭遇都可能引發焦慮或痛苦，但要再次強調的是，問題的癥結在於我們如何解釋那些事件或情況。比起事件本身，我們在心裡如何敘述這個事件、我們自己，和其他相關的人，在決定我們的感受和心理狀態方面更關鍵。來看一下瑪莉的例子。

案例

對離婚感到焦慮的瑪莉

瑪莉和丈夫在結婚六年後決定分居，雖然兩人最終會離婚，但他們都希望還能當朋友。

幾個星期後，瑪莉開始對離婚協議裡的一些問題感到煩惱。某天，她注意到自己的心情特別糟糕，儘管前一週還好好的，對自己的未來也感到很樂觀。

瑪莉找了一位親近的友人談談。朋友要她試著回想：在她情緒改變之前發生的任何事或互動狀況。瑪莉立刻想到，她曾經在電話中和丈夫討論離婚協議裡的財產分配條款：

「我對他發飆，因為他聽起來太不講理、太霸道了，還批評我未來的計畫。我要做什麼對他來說有差嗎？總之，最後我對自己和對他都感到很生氣。但是在通話之前，我真的相信事情進展得很順利，我以為我們還是朋友。」

瑪莉的好友熟知內在批判概念，因此在談話過程中，她問瑪莉在和丈夫通話時和通話後，對自己說了什麼。瑪莉思索了一下，然後回答：

「我想，我在通話以前就開始擔心自己的財務狀況了。原本我以為那些擔憂不會有什麼影響，但是在我們通電話時，我開始對自己說：『他聽起來好像一點也不煩惱，你卻一個人在擔心自己要怎麼撐過去。真是個自私的混蛋！難道他不明白你正在經歷些什麼嗎？』

「然後我對他說了類似的話，結果他的回答讓我很生氣。現在回想起來，我甚至不記得他說了什麼，我只記得我開始告訴自己：『看吧，他又來了，只想到自己，根本不在乎我的感覺，還好你離開他了！』

「但是掛斷電話以後，我的心情變得更糟。我開始指責自己：『看看你做了什麼好事，你搞砸了一個可以心平氣和達成協議的機會。』而且還不只如此，我不停反覆思考這件事，直到我把婚姻破裂的結果歸咎於自己，比方說：『你就是這樣動不動發脾氣，才會把自己的婚姻給毀了。你真笨，事情會變成這樣都是你活該，一切都是你的錯。』

「整個晚上，我發現我一直來來回回的對他生氣、責怪他，然後責怪自己。我的腦海裡沒有中間地帶，我就是無法從真實的角度看事情，所以隔天我感到很灰心沮喪，也無法重新打開溝通的管道。我感覺自己很失敗，無法直接告訴他我有點擔心未來的生活。我對自己說：『為什麼還要努力和他溝通呢？反正他也不會懂。』

「事實上，我知道他可能也這麼想。我心裡很清楚，能夠聚在一起用更明理的方式討論這件事，對我和他來說都會比較好。老實說，當我把內心的聲音告訴你時，我可以發覺繼續像這樣攻擊自己是多麼荒謬的事。這種思考方式讓我無法去做我真正想做的事，也就是用某種方式向他表達離婚帶給我的痛苦感受，而不是為了財產分配的一些小細節抱怨或批評他。其實我從離婚協議裡拿到的錢，足夠我維持生活很長一段時間。」

辨識出自己對丈夫的憤怒與不信任，並且向朋友透露她的內在批判之後，瑪莉期待與丈夫談談，也約他當晚共進晚餐。隔天，她很高興的告訴朋友，她已經成功向丈夫說明她真正的擔憂以及離婚帶給她的痛苦感受。直接對丈夫表達自己的感受讓她得以實現真正的目標，那就是儘管兩人不再一起生活，還是可以繼續當朋友。

注意是否對他人的批評反應過度

注意自己對朋友、家人、同事或老闆的批評有何反應，可以幫助我們辨識特定的自我攻擊想法。當他人的批評符合我們對自己既有的特定負面看法時，我們似乎會變得更敏感。此外，我們往往對他人的批評反應過度——無論那些批評嚴厲或輕微、符合事實或不切實際，因為我們想像批評者在敵視我們，就像我們會敵視自己一樣。這些憤怒、受傷、恥辱和內疚的反應，通常與批評的內容或嚴重程度不成比例。

舉例來說，有個聰明漂亮的女子在會心團體（encounter group）*的聚會中遭到另一名參與者嚴厲批評，對方說她在很多方面都令人不悅。女子原本靜靜的坐著聽，但一聽到對方說她「很笨」（這是其中最輕微的言語攻擊），她立刻跳起來大喊：「不准說我笨！」經過一番反思之後，女子透露當對方說她「很笨」時，她整個人都崩潰了，而且感到很憤怒。儘管在現實生活中，她認為自己是個聰明的人，但在小時候，她曾經是家人眼中的笨孩子。

注意是否正在把自我攻擊想法，投射到他人身上

對一些人來說，承認內在的分歧會帶來太大的痛苦或不安，因此往往會把內在批判

投射到他人身上。在許多情況下，來自內在的痛苦攻擊比來自他人的反對或批評更令人苦惱，使我們覺得內在敵人比外在敵人還要難以克服。

認清自己可能正在把內在批判投射到他人身上，是相當重要的一點。有時候，我們可能不會承認自己的負面心態，反而以為那些看法來自別人。事實上，幾乎所有我們以為來自別人的負面看法，那些使我們感覺糟糕、沮喪的事，很可能都是自己對自己的批評。舉例來說，有個質疑自己缺乏男人味的年輕人，就描述了他把內在批判投射到女性身上的過程：

「每當我第一次跟女人見面，我就知道對方在用某種眼光看我。我不只是想像而已，而是感到非常確定。我相信女人通常把我當成毛頭小子看，而不是當成男人來認真對待；她們也許把我視為朋友，或是可以開玩笑的人，但絕對不是男人。我很難把這些猜測收回來，承認『自己』才是有這些想法的人。很多時候，我的所作所為是為了得到女人的這種回應，證明『我知道她們在想什麼』。」

* 編注：透過團體成員的交流反應，促成個體成長發展、促進開放性溝通。

假如，這個年輕人一直沒有發覺他把自我攻擊投射到女性身上，就很難找出自我挫敗行為的根本原因。不僅如此，他在與女性接觸時會繼續猶疑不決，且保證遭到拒絕。他對自己男性形象所抱持的負面心態，會繼續透過他與女性的互動得到證實。

拒絕傾聽、採取對我們有利的行動，進而改變內在批判的影響

要改變由內在批判決定行為的模式，我們需要從兩部分下手：(1)拒絕聽從內在批判，以免做出背離我們最佳利益的行動；(2)採取對我們有利的行動——也就是內在批判試圖阻止我們進行的活動或人際互動。

第一個例子：

有個男子下班後和朋友一起喝酒，他察覺到內在批判不停慫恿他：「來，再喝一杯，你值得輕鬆一下。」結果他沒有聽從這些聲音，而是決定不再喝下去。這個行動不僅增強了他今後戰勝內在批判的決心，也鞏固了他自己的觀點。

第二個例子：

有個非常害羞的女人一直不敢跟教會裡一個讓她感覺很友善的男子攀談。每次只要接近他，她都會告訴自己：「你說話又不風趣，他怎麼會想跟你聊天呢？」但最後她決定採取行動，找機會與他說話。

當我們承擔這些風險，我們就會增強自尊感，從自信中獲得力量。我們需要有一定的勇氣才能測試自己的負面假設，包括認為自己將遭到別人拒絕的假設。**唯有當我們向自己證明「付出的努力可以帶來不同於內在批判所預測的結果」時，真正的學習和改變才會發生。**

採取行動對抗自我安撫的行為，還需要有正直和決心，才能更堅定的放棄那些干擾人生的成癮習慣。接著，我們就可以把握更多機會，透過具建設性的方式滿足自己的需求。當我們即使遇到挫折還是不斷朝自己的需求、欲望和目標努力，真實的自我就會強化，我們也會開拓出更寬廣的人生。

練習 4

從受內在控制的行爲，轉變爲反映出眞實的自我的行爲

在本練習右欄「受內在批判控制的行為」中，記下你認為自己受到內在批判慫恿或影響，而出現的行為或習慣。在左欄「反映出真實的自我的行為」中，寫下你為了反映真實的自我打算採取的行動，它們可以是與你興趣相符的行為，也可以是你特別喜愛的活動。你還可以寫下循序漸進的小步驟，計畫達成對抗內在批判的目標。利用一整個星期的時間，持續記錄你認為受到內在批判影響的行為，以及你決定為自己採取的行動。

本練習最重要的部分，是想出對抗內在批判的新行為。無論是否正在接受心理治療，許多人都能透過這個方法，在生活中做出重大改變。如果你察覺到某個想要改變的自我挫敗行為，你可以下決心減少這種行為，甚至完全拋開它。然而必須說明的是，當你打破負面行為模式，也等於在打破你的基本防禦機制，所以在擺脫自我挫敗行為的過程中，你難免會經歷某種程度的焦慮。

反映出真實的自我的行為

例如：「我沒有聽從內在批判再喝一杯，而是決定不再喝下去。」

受內在批判控制的行為

例如內在批判慫恿：「來，再喝一杯，你值得輕鬆一下。」

隨之而來的焦慮，是正面改變的跡象

開始改變自我負面觀感以及受到內在批判影響的行為時，人們難免會感到焦慮。任何改變或進展都會引發焦慮，而且自我攻擊聲音通常會增強，但這只是暫時的現象。大多數人傾向把焦慮視為壞事，認為那代表自己出了問題，而且經常被教導要擺脫焦慮，透過服藥或任何辦得到的方法，來減輕與焦慮相關的不悅感。

記住，焦慮幾乎總會伴隨情緒成長而來，這通常是我們正在生活中做出正面改變的跡象。**如果我們在逆轉負面自我觀感的過程中，學會忍受隨之出現的焦慮和自我攻擊聲音，它們就會逐漸減輕或消退。**這種情況就像內在聲音批評我們跨出了界線，沒有按照內在的負面指示過生活，或者像憤怒的父母正在對我們大吼，要我們回到界線內。如果我們可以忍住並堅守新的行為模式，那些攻擊聲音就會開始消退，就像父母厭倦了嘮叨，最後決定放棄一樣。

透過「話語治療法」戰勝內在批判

「話語治療法」的目的，是揭露破壞性想法或聲音以及隨之而來的感受，以便挑戰它們並改變受其控制的行為。這種方法之所以被稱為「話語治療法」，原因在於它是將掌控自我設限、自我毀滅行為以及生活方式的負面想法，訴諸於口頭語言的過程。

治療過程中，個案要練習用第二人稱「你」來表達自我批判想法，也就是做出針對自己的陳述，而不是與自己有關的陳述。**透過這種把內在聲音說出來的特殊方式，個案可以區別「自我觀感」，以及在人生早期構成異常觀點的「敵對想法和態度」**。很多時候，個案會立刻將自己的內在聲音與父母的態度和互動模式連結起來。揭露內在的負面想法並探究其根源，可以幫助個案打破基本的心理防禦機制，然後朝正面方向改變自我觀感。通常個案會表達出許多與內在批判相關的感受，並且發現以前沒有意識到的負面核心信念。換句話說，許多存在於無意識層次的信念，都會在話語治療的過程中出現。

案例

被弟弟批評而引發自我批判的瑞克

在一次團體諮商中，瑞克談起弟弟對他的些微批評所造成的影響。當時瑞克已經結婚十年，有兩個孩子，是成功的大企業主管，但他的童年比大多數人還要不平靜，因為他的父母總是爭吵不休，導致家裡充滿混亂的氣氛。他首先描述弟弟的批評如何啟動了自我批判的思考過程。當他把自我攻擊話語說出來時，情緒激動得難以平復。以下是那次諮商的部分對話內容：

瑞克：「上星期我弟弟說，他覺得我們全家到他那裡住一陣子不大妥當。我們講完話以後，我把自己狠狠批了一頓。」

治療師：「聽到他說的那些話，你是怎麼告訴自己的？」

瑞克：「我聽到的批評是『我不配和他同住』，而且我真的感覺受到打擊：『你只是個默不出聲的討厭鬼、是個下等人，簡直一無是處。你不適合和人打交道，而且你真的應該隱藏這點，真的要小心。你應該安安靜靜的就好、不要引起注意，因為別人認識了你以後，就會發現你只是個討厭鬼！』

「所以如果有人批評了我的孩子，我會把它當作相同的攻擊來看待。我認為攻擊的基本依據是『你和我們沒兩樣，你憑什麼認為自己和別人不同？你只是個愚蠢、無恥的人』（瑞克開始哭泣）。

「想到我的孩子受到連累，我就有很多感觸，我真的不希望他們也有這種感覺。我可以察覺到，我看待自己和人生的方式，在某種程度上給了他們這種感覺。我知道我必須改變這個情況，不只為了我自己，也為了他們，因為剛才當我說出自己的感受時，我真的很難過，是我害他們變成了討厭鬼。」

在稍後的諮商談話中，瑞克發現自己之所以覺得在生活中做出正面改變沒有用，原因在於他的父親對人生抱持悲觀的看法：

瑞克：「我腦子裡的聲音說：『就算你有很多感觸又能怎麼辦？因為你還是一樣像個草包，一無是處。』那個聲音說我像個草包、虛有其表。」

治療師：「你的這種感覺是怎麼來的？」

瑞克：「我從我父親身上看不到任何能力。比方說，他總是夢想擁有一艘船，而且會在週末去碼頭看船，但我從來沒有看過他做任何事或採取任何行動，那都只是幻想而已。」

過了幾週，瑞克談到他在那次諮商結束後，發現自己的心態和親子關係都開始改善。

瑞克：「我特別注意到我兒子的情緒好多了，因為我換了一種方式和他相處。我比以前更高興見到他，像是下班回家見到他的時候，我真的很開心。我也很高興見到女兒，但不知什麼原因，我覺得我從兒子身上看見了自己。所以，僅僅把他看成獨立的個體，並且去感受我希望帶給他什麼、帶給他我希望自己在成長過程中能擁有的東西，還是讓我有點痛苦和難過，但我很高興自己正試著給他那些東西。」

在話語治療法中，「辨識攻擊話語並表達感受」的過程，可以幫助個案重新建立自我觀感和對自己的感覺，基本上就是與自己重新連結。某些治療方式建議用自我肯定的話語來回應負面的自我觀感，但矛盾的是，自我肯定可能會引發幼稚的反應，比如表現出更多的自我挫敗行為。這樣的自我讚許方式就跟自我懲罰一樣有害，因為兩者都像是我們站在自我之外，距離自我和人生經驗有一步之遙，不是真正在過自己的人生。做自己是極為重要的事，我們必須直接體驗自己的感受，而不是去觀察或關注自己。

話語治療法的下一步，是改變受到內在批判影響的行為，也就是對我們的內在批判做出強大而重要的回應，基本上就是對它說：「我不必照你的話做，我要過自己想過的生活、追求我的目標和願望。」

總而言之，我們每個人都有破壞性和自我攻擊的想法，而且那些有害、具局限性、最終導致自我毀滅的內在對話，會對我們造成不同程度的困擾。話語治療法是用口頭語言，表達出內在敵人以及它對我們和生活方式的看法。寫日誌、設定目標來改變受內在批判影響的行為，並逐步採取行動，對違逆內在批判的指示都很有幫助。

當我們察覺並違背內在批判的指示，就是開始解決這些問題：我們在過自己的人生、實現自己的命運，還是在重複過去的模式、重溫父母的人生？我們是受到內在批判看待我們的方式影響，還是受到表露真實自我的心態影響？**我們愈能打破父母的人生負面指示，就愈有機會實現自己的命運。**

Chapter 2

無所不在的恥辱、內疚和低自尊

「要迫使敏感的人對每件事感到內疚，實在太容易了。」

——摩頓．厄文．賽登（Morton Irving Seiden）

恥辱和內疚，是導致「自尊感低落」的主要感受。事實上，我們大多數人的一生，都在受到恥辱和內疚束縛的個人關係與經驗中度過。

恥辱和內疚是可以區分的。**恥辱是當我們認為自己在某方面天生不如人或者有缺陷時，會產生的感受；內疚則與我們的行為有關，比如當我們認為自己做錯事或者沒有實現自我理想和價值觀時，就會有這種感受。**很多時候，內在批判會激起這些負面感受，並且在不切實際的情況下降低我們的自尊感、削弱自我重視感，使我們覺得自己沒有價值。在學習克服恥辱和內疚時，我們需要在這些感受出現時辨識它們，然後找出影響與強化它們的內在批判。

學會辨識增強恥辱或內疚的內在批判

恥辱是在我們童年初期，甚至牙牙學語以前，就發展出來的原始感受。這種感受令人沮喪，因為我們會根深柢固的認為，自己生來就是不好的、不可愛的，而且似乎用任何方式也無法改變。許多人在成長過程中都會對自己的情感欲望——渴望得到別人的觸摸、喜愛、目光和理解——感到恥辱。當我們感到恥辱或丟臉時，通常會想要掩蓋自己意識到、可能使人認為我們本質不佳的任何跡象。

如果我們的父母用負面心態看待人體和裸體，孩提時期的我們往往就會內化這種看法，對自己的身體和性欲產生恥辱感。例如，有研究顯示嚴厲執行或強行介入的如廁訓練，會引發孩子的恥辱感，而且與日後的情緒問題和性障礙有關。我們對自己的身體和性欲所產生的這些負面情緒通常會伴隨一生，並可能導致親密關係出現嚴重的問題。

內疚可以定義為「與我們的行為以及我們覺得無法接受的想法和情緒相關的自我批判感受和心態」。當我們承認自己做錯了事或者傷了別人的心，我們會感到內疚。如果我們暗自希望壞事發生在討厭的人身上，也可能會感到內疚。當我們贏過競爭對手或者比家人或朋友還要成功時，雖然會感到高興，但另一方面，也可能會感到內疚。然而即使你知道自己有過錯，只在內心譴責自己的行為是無濟於事的，更具建設性的做法是：

辨識那些增強內疚感的內在批判、仁慈的對待自己和他人，並且思考如何在未來的人際互動中改變自己的行為。

我們的內心有兩種本質上相互矛盾的內疚，一種是與「追尋自我目標和需求」有關的內疚（神經質內疚），另一種是與「放棄活出真實自我」有關的內疚（存在性內疚）。第一種內疚是對自己在生活中尋求滿足，而產生懊悔或自責感，基本上就是指責自己很自私、只顧著追求個人和事業的目標。

然而，如果我們屈服於這種內疚並且放棄追求目標，我們就會經歷第二種內疚（存在性內疚）。當我們壓抑在人生中實現自我的自然傾向，變得被動或者轉而從幻想中尋求滿足時，存在性內疚就會被喚醒。這種結合了悲傷和懊悔的痛苦感受可能是一種訊號，顯示你已經偏離了反映自己欲望、理想和價值觀的道路——無論原因是什麼。

所有人都處於情感的兩難困境中，也就是懸在內疚的兩個極端之間，而這決定了我們人生經驗的界線；如果我們朝著實現自我人生目標的方向前進，就會經歷神經質內疚，但如果放棄嘗試，便會面臨存在性內疚。

童年的心理防禦機制，卻讓成年的我們恥辱、內疚和低自尊

許多人在成長過程中，似乎都會認為自己是不好或不可愛的，而且成年以後，往往在許多情況下感到恥辱和內疚。但為什麼我們不與真正欣賞及喜愛我們的人建立新的關係、從正面的角度看待自己呢？為什麼我們在發現自我嚴重扭曲之後，不乾脆建立比較真實的自我觀感呢？答案是，**這些負面信念組成了我們在軟弱、脆弱的年幼時期，所需要建立的防禦機制基礎。**如同第一章所說，這些防禦機制能讓我們免於面對痛苦的感受、幫助我們在人生的關鍵時刻熬過情感的傷痛。

心理防禦機制就好比中世紀騎士在戰鬥時穿著的防護盔甲。想像一下你在沒有面臨生命危險，卻還穿著沉重盔甲的情況；雖然這副盔甲在你小時候提供了保護，但如果長大之後繼續穿著它，自由活動能力就會極受限制。然而，你要怎麼知道何時可以放心的脫掉盔甲呢？在卸下心防時，你必須先承擔摒棄盔甲的風險，甚至在發現自己很安全之前就要這麼做。由於這種情況會引發焦慮，許多人寧可繼續穿著盔甲，以策安全。

繼續堅守內在批判組成的防禦機制——缺乏信任感、抱持懷疑心態、將自己感到恥辱或內疚的事保密——對你造成的傷害，遠遠超過現在生活中任何的外來事件。當你還是個孩子時，你沒有能力積極應付壓力和痛苦，只好盡可能的在那些情況下保護自己，

然而在兒時發揮作用的心理防禦機制會持續存在，如果你把它們套用到現在的生活中，**就會帶來自我挫敗的結果。**

為什麼我們需要把父母看成完美、無所不能的人？

許多人在成長過程中，會學到一種重要的自我防禦機制，那就是「把父母理想化，並且認為自己是不好的」。**把父母和家庭理想化是一種基本的防禦機制，也是低自尊和負面自我意象的主要源頭。**年幼的孩子需要相信父母是好的、是強大的，或至少是可以滿足需求的，因為他們確實要依賴父母才能生存，所以如果孩子遭到父母排拒或不受父母喜愛，通常就會認為是自己不好——因為比起認為父母不夠好或者不愛孩子，這種想法比較樂觀。孩子會一直滿懷希望，認為只要努力改變自己，成為一個「好」孩子，總有一天可以得到父母的愛。

把父母和家庭理想化，是造成我們強烈抗拒改善自我意象和接受愛的一項根本因素。我們的社會往往忌諱暴露父母的缺點、弱點、負面特質和行為，你有多少次聽見親戚朋友對孩子說：「你爸爸真的很愛你，他只是不知道怎麼表達。」但其實孩子並沒有得到關心或尊重？人們總是以保護孩子為藉口，不願在孩子面前批評父母，然而這卻造成孩子拒絕承認父母的錯誤和缺點，同時感覺一切都是自己的錯。

練習 5

學會用眞實的觀點看待父母

為了增強「自我重視感」，你必須用比較真實的觀點看待父母。請記住，你的父母也曾經是孩子，他們可能和你一樣，對自己父母的不足之處和缺點感到困擾。**這麼做不是為了怪罪父母，而是要試著探索小時候發生且至今仍然帶來負面影響的事件，以解釋我們為何對人生設限。**此外，我們已經成年，而且有能力主導自己的人生，這是我們在童年時期無法做到的。當我們從比較真實的角度去看待父母並明白其長處和弱點時，我們就是正朝著「改善自我意象」邁出一大步。

請在這個練習裡回答：A部分（「描述父母的特質與行為」）和B部分（「父母所做出，可能導致你產生恥辱或內疚感的行為」）的問題。

A部分的前四個問題出自「仁慈育兒親職教育計畫」（請見費爾史東《仁慈的教養》一書）所使用的親職手冊。當為人父母者深入了解發生在童年時期的重要事件及其父母的教養方式，並且描述了上一輩的正面和負面特質之後，他們會用較仁慈的觀點看待自己，也會增強自我重視感。用比較真實的觀點看待自己的父母，可以幫助他們用比較真實和正面的觀點看待自己。

B部分的問題出自派瑞斯（C. Perris）等人編製的瑞典EMBU英文版問卷（EMBU為瑞典語Egna Minnen Betrdffande Uppfostram的首字母縮寫，意指「我記憶中的父母教養行為」），該問卷衡量的項目包括父母令孩子感到恥辱與內疚的行為和其他教養行為。這些問題可以用「是」或「否」來回答。

A. 描述父母的特質與行為

1. 你小時候是否與父母長期分開？例如父母去世、離婚或生病？如果是，請描述你當時的反應。

2. 你認為父母對你成年之後的人生帶來最寶貴的影響是什麼？請描述這些特質、價值觀或理想。

3. 你不喜歡父母的哪些缺點或弱點？請描述這些特質。

4. 父母對你和兄弟姊妹的管教方式，是否很嚴格或過於放任？

B. 父母是否做出可能導致你產生恥辱或內疚感的行為

行為	母親		父親	
❶ 在你童年時期，父母是否會當著別人的面責備你或打你？	是	否	是	否
❷ 父母是否會透過言語或肢體動作表達對你的喜愛？	是	否	是	否
❸ 你是否曾經因為父母和人談論你説過或做過的某件事，而感到羞愧？	是	否	是	否
❹ 父母是否對你的需求有所抱怨？	是	否	是	否
❺ 父母是否會在別人面前批評你，説你很懶惰或很沒用？	是	否	是	否
❻ 父母是否會説「如果你那樣做，會讓我很難過」之類的話？	是	否	是	否
❼ 你是否感覺父母認為是你害他們不快樂？	是	否	是	否
❽ 父母是否會説「我們為你做了這麼多、犧牲了這麼多，結果你是這樣報答我們嗎」之類的話？	是	否	是	否
❾ 你是否曾經因為違背父母的期望而感到內疚？	是	否	是	否

❿ 父母是否會說「你是個大孩子（或男孩子／女孩子），所以不該那樣做」之類的話？	是	否	是	否
⓫ 父母是否曾經希望你可以像某人一樣？	是	否	是	否
⓬ 父母是否認為，你與他們期待的樣子不同？	是	否	是	否
⓭ 父母是否會透過傷心的表情或其他方式，使你對自己的不當行為感到內疚？	是	否	是	否

神經質內疚，讓我們放棄追尋自我目標與需求

許多人都經歷過以內在批判為形式，表現出來的「神經質內疚」。當我們在人生早期遭遇過多的挫折或情感剝奪時，往往會發展出負面的自我意象，以至於在長大之後時常迴避愉快的經驗並對人生設限，因為我們在某種程度上會告訴自己「不配擁有幸福成功的人生」。

因為渴望得到關懷，而感到內疚

內疚反應在人生早期就會形成，因為當父母以拒絕的態度回應孩子對基本需求的追求（包括追求照料生活的需求，以及親密接觸與愛的需求）、使孩子的欲望和需求得不到滿足時，孩子就會責怪自己渴望得到關懷，然後產生內疚感。讓我們來看一下克里斯的例子。

案例

對父親感到內疚的克里斯

二十三歲、單身的克里斯是個努力工作的稅務會計師，儘管他過著優渥的生活，不過從十幾歲開始，他就有興趣更直接與從事社會工作或公共服務的人一起工作。他報名了夜

間部學校，修習心理學和社會學課程，並且發覺這些課程是生活中最令人興奮的部分，於是他決定只做兼職工作，用自己的積蓄重回校園念書，希望最後可以取得心理學研究所的學位。當他通知公司這項決定時，腦海裡浮現許多強烈反對的聲音，告訴他這是個天大的錯誤：

「你根本在斷自己的後路，難道不是嗎？在人生這個階段換跑道，你以為你是誰？為什麼要放棄一份好工作？是什麼讓你以為自己夠聰明，可以念完研究所？你絕對念不完的，然後你又會改變主意，你老是這樣，太不負責任了！你應該對這份工作感到滿足。你為什麼不能像別人一樣？為什麼不能安定下來？」

在辨識這些自我攻擊的聲音之後，克里斯鬆了一口氣，他更堅定於自己的決定，也深刻了解到這些內在批判的來源。他記得他的父親總是抱怨自己被一份無聊的工作困住，卻從來不曾採取任何行動。不僅如此，他的父母過著自我設限且呆板的生活，而且對他施加相當大的壓力，要求他在念完商學院之後立刻找到一份穩定可靠的工作。克里斯意識到自己感到內疚，因為他可能比父親更有機會得到一份令人興奮的工作。

因為活著，而感到內疚

如同第一章提到的，內在批判是我們在遭到父母憤怒對待、懲罰或排拒時內化而來的負面觀點。比方說，如果你不受父母喜愛，或者在父母的艱難時期出生，你可能會在成長過程中認為自己是個負擔。如果是這樣，你長大以後可能就會覺得自己不值得被愛。在更深的層面上，你甚至可能會因為活著而感到內疚。來看一下辛西亞的例子。

案例

覺得自己不配也不該活著的辛西亞

辛西亞是父母意外生下的老三，也是家中最小的孩子。她提到當自己接獲哥哥去世的消息時，她覺得很內疚：

「我總覺得我不該出生〔她開始哭泣〕。我的意思是，我好像是偷溜進來的孩子，這就是我的感覺，我這輩子都覺得自己只是偷溜進來的。現在哥哥死了，我的感覺變得更強烈，我很難對現在擁有的一切感到快樂。我會想：『你有什麼權利快樂？哥哥死了，他是好人，大家都喜歡他。你一直是個麻煩製造者，你憑什麼快樂？』我從來就不應該活著，更不應該擁有像現在這樣的生活。

「我甚至不應該出生，我感覺沒有人為我的出生感到高興，所以在某種程度上，我甚至不相信那些說喜歡我的人，我感到很懷疑，基本上我不太相信自己可以得到任何人的喜愛或關心。」

在這次晤談的三年前，辛西亞的十一歲女兒碧安卡也在兒童討論小組中說出類似的話。

儘管碧安卡是在父母的期待下出生，她卻不知怎麼的也有和母親相同的內在批判，認為自己不配也不該活著：

「我的腦子裡經常有聲音說：『你不要再打擾別人、別再製造麻煩了，沒有人關心你（她開始哭泣）。沒有人想要給你什麼、沒有人想要對你好，因為你對他們不好。每個人都討厭你！你根本就不該生下來。』」

當小組長問到這種想法是從哪裡來時，碧安卡說：

「我不知道。有時候我看著爸媽時，我覺得他們就是這樣想的。如果他們沒有這樣想，就會對我比較好，不會那麼冷淡。」

因為比家人更有成就，而感到內疚

許多人會在比父母還要有成就時，經歷到痛苦的內疚反應和自我攻擊，而且多半是對父母當中與自己同性別者感到內疚。如果你比家人更富有、更有成就、交友更廣闊，或者擁有更令人滿意的親密關係，可能就會引發焦慮、懊悔和自責感。人們經常對家人做不到但自己成功辦到的事感到內疚，這些成就可能會引發負面想法或強烈的自我攻擊聲音，例如：「你以為你是誰？你覺得你比我們強嗎？你只想到你自己。」

舉例來說，三十五歲的大衛最近當上公司主管，為他贏得升遷機會的人格特質，是他的自信和果斷，以及用公平及平等原則，敏銳的對待屬下。反之，大衛的父親比較獨斷和虛榮，而且多次在商業投資中失敗。大衛發現對於自己升到比父親更高的職位，他感到內疚，並且開始懷疑自己的領導能力。在日誌裡，大衛辨識了哪些聲音是內在的自我攻擊：

我的內在批判	真實的自我
少說話，只做你該做的事就好。	我在這個職位上很愉快，我屬於這裡，我的工作和貢獻受到重視。
不要裝得好像自己很行。	我沒有在裝什麼，我只是做自己，而且這個職位是我應得的。
你的屬下會受不了你的。	我關心我的屬下。我很尊重且公平的對待他們。他們不只喜歡我這個人，也喜歡我當他們的主管。
你是個獨斷的上司！	我不獨斷。我爸很獨斷，但與人相處的方式上，我跟他非常不同。

當大衛辨識了這些憤怒的聲音，並說出對自己真正的看法後，他成功克服了內心想要放棄主管職位並毀掉成功機會的衝動。他認識到，給自己貼上獨斷標籤是一種自我攻擊，而且這個想法明顯是錯的，因為它陳述的其實是父親的個性和行為，而不是他自己的。

神經質內疚也會因為「我們害怕失去與生命中重要人物（包括父母）之間的幻想連結」而變得複雜。當我們開始過著比較獨立的生活，對於自己將要脫離那些幻想連結，我們會感到內疚。

存在性內疚，讓我們放棄活出真實的自我

每當我們對神經質內疚的內在批判讓步，往往就會做出自我挫敗和自我設限的行為。我們可能會毀掉自己得來不易的成就，或者遠離一段特別令人滿意的親密關係，然後又會因為違背自己的目標和優先事項，而產生懊悔感和憤怒的自我攻擊想法。

因為違背目標，而感到內疚

當人們完全放棄追求人生目標，便會因為背叛自己，以及不經意的背叛所愛之人而

感到內疚。普遍來說，每當人們壓抑自己的才能和正面特質，或者對伴侶不再那麼親密時，內疚就會油然而生。

舉例來說，莎拉在生下第一胎後的那幾個月變得鬱悶且有些沮喪。她似乎對身為母親應盡的責任感到不知所措、力不從心。她容易緊張焦慮，與丈夫傑克也變得疏遠。有時候當孩子在夜裡啼哭時，她就會生起一股難以克制的怨恨感。莎拉想要控制那些導致她無法追求人生目標的負面想法，於是開始在日誌裡記下自己的念頭：

我的內在批判	真實的自我
你根本不懂得照顧寶寶。	我確實是個新手媽媽，但是我對照顧自己的寶寶還是有很好的直覺，而且就算我不懂，我可以學。
你只會讓寶寶的情緒變糟。	他有時候確實會大哭、不高興，但是小寶寶本來就會哭，如果我很冷靜、放鬆，通常就能改善他的情緒。
你不是那種應該有小孩的女人。	我愛傑克，而且我們都想共組家庭、給孩子一個美好的人生，所以我是那種應該有小孩的女人。
你真是個差勁的媽媽。	天底下沒有完美的媽媽，就像在其他關係裡，你會認識自己，然後成長。我是個媽媽，但不是個差勁的媽媽。

你看不出來你讓傑克的情緒也變糟了嗎？	我承認自己這陣子的狀況不大好，他想念原來的我，我也想念以前那些甜蜜的日子。
傑克會對你失去興趣的。	他不會因為我處於低潮時期就拒絕我，他的愛沒有那麼膚淺。
傑克也覺得你不懂得照顧寶寶。他是對的。	在他看來，我們兩個都缺乏經驗。我們都在學習怎麼當父母，而且一起面對這件事。
你真不該讓自己落入這種處境。	胡說八道，傑克和孩子是我人生中的喜悅。我知道這條路上會有一些挫折，但它們阻止不了我的！

寫完日誌以後，莎拉明白她的自我攻擊聲音導致她與丈夫和孩子之間有了隔閡，而且引發強烈的內疚感，使她覺得與家人更疏遠。接下來幾週，莎拉繼續辨識她的自我攻擊聲音，同時學著應付隨著寶寶出生而來的許多陌生感受。她變得比較樂觀，也逐漸修正那些不切實際、貶低自己、說自己沒有足夠能力照顧寶寶的想法，並且又能重拾親密的夫妻關係。

當我們過著自己的人生，而不是盲目過著別人設定的人生時，我們往往會經歷神經質內疚。然而，如果我們被這種內疚感壓得喘不過氣，開始放棄按照自己的標準和價值觀過日子，或者退出一段珍貴的親密關係，我們往往會經歷存在性內疚。了解那些感受從何而來、辨識那些引發並增強它們的內在聲音，將可以幫助我們中斷自我攻擊過程，重新建立仁慈而獨特的自我觀感。

戰勝恥辱、內疚和低自尊，自由的追求人生目標

你可以透過許多練習來克服引發內疚或恥辱感的內在批判。當你學會辨識及對抗內在的破壞性想法，就能更自由的追求人生目標。

區別內在批判與良知

在辨識與內疚有關的自我攻擊聲音時，我們必須記住，**這些聲音並非良知或道德指引，而且不理性、不合邏輯、充滿矛盾。它們會先影響我們、引發自我挫敗行為，然後以此為理由譴責我們**。事實上，這些聲音會使我們落入「全輸」的局面。此外，如果這些聲音真的是良知，就不會帶有嘲諷的語氣以及嚴厲懲罰的性質。我們從中聽到的那些「應該」做的事，會對我們施加沉重的壓力、削弱我們的活力和動力，而不是啟發我們去改變自我挫敗或自我毀滅行為。

辨識那些引發或增強內疚及恥辱感的內在聲音

克服內疚或恥辱感的第一步，就是了解你在經歷這些負面情緒時對自己說了什麼。如同第一章所說，當你辨識了自己的破壞性想法之後，就可以從比較真實的角度去區分負面信念。請先試著回想最近讓你感到內疚或恥辱的情況，當這個情況發生時或結束後，你的腦海裡浮現了哪些聲音？

練習 6

費爾史東評估表❶：學會辨別恥辱和內疚的聲音

請利用這個練習來辨識那些使你感到內疚或恥辱的負面想法出現的頻率。

請圈選出你經歷下列內在批判的頻率。

0＝從不　1＝極少　2＝偶爾　3＝多次　4＝經常

例如，你會對自己說：

頻率	內在批判
0 1 2 3 4	你真笨。
0 1 2 3 4	別人認識了你以後，就會知道你有多糟糕。
0 1 2 3 4	你又出車禍了？真是笨手笨腳。
0 1 2 3 4	看看你，這一切都是你害的。
0 1 2 3 4	沒有人想聽你的意見，你應該閉嘴就好。
0 1 2 3 4	你這麼不可愛，他（她）怎麼可能喜歡你呢？
0 1 2 3 4	你忘記付帳單了。你難道連一件事都做不好嗎？
0 1 2 3 4	你不配擁有任何東西。
0 1 2 3 4	你這麼難搞、這麼忸怩，難怪沒有朋友。
0 1 2 3 4	你之前那麼想要有個小孩，結果現在有了小孩，卻完全沒有陪伴他（她）。
0 1 2 3 4	你的打扮完全不適合這場晚宴，每個人都在盯著你看。
0 1 2 3 4	看看你自己！你真的很醜。
0 1 2 3 4	你什麼事都做不好。

你原本想要有成功的人生，但看看現在的你！你已經放棄所有目標，只是在混日子而已。	0 1 2 3 4
和你在一起真是難受。	0 1 2 3 4
你不屬於這裡，你無法和大家打成一片。	0 1 2 3 4
你年輕時的夢想呢？到現在連一個影子也沒有。	0 1 2 3 4
你不值得擁有幸福的生活，你是個討厭鬼。	0 1 2 3 4
你太害羞內向了，你應該更有自信一點。	0 1 2 3 4
為什麼你就不能像你哥哥（姊姊、弟弟、妹妹）一樣？	0 1 2 3 4
你對自己的看法確實沒錯，你真的很沒用。	0 1 2 3 4
你真的傷了他（她）的心，你要怎麼求人家原諒你呢？	0 1 2 3 4
你憑什麼認為自己和別人不同？	0 1 2 3 4
你永遠做得不夠或付出得不夠。	0 1 2 3 4
你以為你是誰？你和我們沒兩樣。	0 1 2 3 4
你以為你可以創造自己的人生，你辦不到的，你無法擁有一切。	0 1 2 3 4
你太自私了，只想到自己，從來沒有替你的家人（孩子、父母）著想。	0 1 2 3 4

練習 7

學會在恥辱與內疚中，仁慈且真實的對待自己

請將你在練習6中，圈選頻率為2、3或4的負面想法或信念，寫在右欄。如果書中列出的句子讓你想到其他曾經有過的想法，請將那些想法也記下來。**接著，在左欄寫下比較仁慈且真實的自我觀感，**比方說，如果你在「你永遠做得不夠或付出得不夠」這個問題上至少得到2分，你可能會想幫自己說幾句話，例如：「其實我是個慷慨的人，我時常想為別人付出，但有時遇到煩心事，我可能就不會像平常那樣慷慨，不過那是例外情況。」請花點時間認真思考使你感到內疚和恥辱的內在聲音，然後寫下回應的話語。

有些負面聲音或信念可能是基於某些事實，例如：「你太害羞內向了。」然而即使一個人生性害羞，這種對害羞內向個性所做的批評還是很嚴厲、具有批判性，而且通常會接著出現「應該如何如何」的說教語句。對自己做出歸類式的描述，並伴隨「應該如何如何」的命令式語句，是無法幫助我們改變自己的。

真實的自我觀感	**導致我產生恥辱與內疚感的內在批判**
為右欄的內在批判，寫下你的自我辯護，例如：「其實我是個慷慨的人，我時常想為別人付出，但有時遇到煩心事，我可能就不會像平常那樣慷慨，不過那是例外情況。」	寫下練習6圈選出的內在批判，例如：「你永遠做得不夠或付出得不夠。」

如何辨識用來「掩飾低自尊感」，但看似「正面」的想法

我們舉辦過的許多治療師訓練課程中，參與者都會問：「那麼正面聲音呢？難道人們沒有任何正面聲音嗎？」按照定義，內在批判是一種與自我分離、將自己視為客體的破壞性思考過程。人們確實會有看似正面的內在聲音，但這些聲音往往對其行為、情緒和生活產生破壞性影響。比方說，**有些看似友善的內在聲音會鼓勵人們遠離自己的目標**，例如：「你應該休息一下，那個案子可以晚點再完成。」**這些聲音具有破壞性，因為它們會使人在日後因為拖延及未能達成目標產生內疚感。**

許多人會運用自我對話或自我安慰，相信自己沒有問題、對自己沒有任何懷疑或糟糕的感覺。舉例來說，賴瑞是個自尊心很強的人，最近他為了提升管理技巧，諮詢了一位「工業心理學家」（industrial psychologist）*。

案例

賴瑞薄弱的自信與高自尊

在第一次晤談中，賴瑞回顧了個人歷史。他說儘管自己已經離婚了，但沒有交朋友或人際關係方面的問題。唯一的困擾是，他最近當上一間大公司的系統經理，卻有優柔寡斷的毛病。

當心理學家問賴瑞如何看待自己、對自己有何感覺時，賴瑞說他覺得自己很不錯，也很有自信。他有點自豪的說，他是靠努力工作才得到現在的職位，所以很佩服自己這一點。美中不足的是，賴瑞往往會質疑他在這個新職位上所做的決定，這讓他感到焦慮。有時遇到需要迅速回應的狀況時，他甚至會緊張得不知道該怎麼辦。

心理學家鼓勵賴瑞深入了解當下的感受。賴瑞開始意識到，他的自信和高自尊其實相當薄弱，只是用來掩蓋內心深處認為自己軟弱無能、本質上有缺陷的感覺而已。藉由辨認隱藏在自卑感和恥辱感背後的內在批判，以及揭開這些感覺時出現的憤怒感，他的情況逐漸改善，做決定時變得更直截了當和堅定。當心理學家引導賴瑞察覺並辨識那些說自己不稱職、不夠格的自我攻擊聲音時，他說自己在察覺到這些負面聲音（他稱之為「陰暗面」）之前，感覺在職場上或人際關係中，與人互動的自己不是很「真實」。

從這個例子中，我們可以看到有些人不見得會意識到自己的負面想法和信念。事實上，如果問這些人，他們可能會說「很多時候真的喜歡或肯定自己」。就他們所知的真

＊ 編注：心理學分支，運用行為科學法則，探討員工的心理，並且了解、預測、協助解決企業產業中的人類行為問題。

相，在理智層面上，他們可能說的是真話。不過他們的行為和生活方式，經常顯示他們在情感層面上抱持自我貶低的態度，對自己也感到相當憤怒。

「正面」的虛榮聲音，是為了掩蓋低自尊

隱藏在虛榮背後的想法具有狡猾及欺騙的成分，純粹是因為它們似乎帶來正面、贊同和保護的感覺。察覺「正面」的虛榮想法對於辨識及挑戰內在批判來說相當重要。許多人都有「看似符合自身最佳利益」的破壞性想法，就像賴瑞一樣。這些看似友善的內在聲音誇大了自我重要性和能力，以便彌補我們在人生早期產生的自卑感，並且掩蓋負面的自我意象和低自尊。

許多人會透過自我讚許的內在對話，來掩蓋他們正在摧毀自己的事實。這些「正面」的虛榮聲音是低自尊的另一面，它們會讓人自以為擁有優異的才華或高水準的能力。**這些聲音通常源於他們的父母用讚許取代關愛，或者需要他們表現得很優秀，以顯得自己教養有方**。當這些人在日後無法達到自我強加的標準時，內在聲音就可能給予無情的批判。換句話說，這種聲音會使人陷入失敗的處境，然後感到洩氣和丟臉。

案例

因為「正面」想法而嚴厲自責的安

從小，安就經常被母親稱讚有藝術天分。母親不但告訴她以後會成為很棒的畫家，也不斷向朋友和鄰居誇獎女兒的才華。

長大以後，安成為美術老師，而畫畫只是她偶爾為之的嗜好，但是在內心深處，她仍然相信母親對她的未來所做的預測。某天，安看到美術展徵件比賽的海報，於是決定拿自己的幾幅畫作去參賽。她認真投入比賽的準備工作，同時告訴自己：「你很有天分，只要你下定決心，一定可以獲勝，你是個天生的畫家。」結果她的作品落選，連佳作都沒有得到，這使得她在朋友和學生面前覺得很丟臉，而且變得灰心喪志，甚至考慮放棄畫畫。

最後，安尋求專業人士的協助，揭開了導致她心情沮喪的內在聲音：「你不是個真正的畫家，你是個冒牌貨！跟別人的作品比起來，你的作品實在很差勁。你簡直是個笑話！你還以為自己是個大畫家，真蠢！」

接著，安探索了造成她嚴厲自責的「正面」想法。她意識到這種虛榮的觀點其實不是自己的觀點，而是反映了母親的誇大評價，以及試圖靠女兒沾光的心態。明白了這點後，安立刻感到如釋重負。然而她也不得不面對一個痛苦的事實，那就是：母親只是利用讚許來取代一直無法給予女兒的關愛和情感。

在後來的一次晤談中，安想起母親曾經告訴朋友，她的藝術天分都是從母親身上遺傳來的。承認母親利用了她的才華，使她內心產生了一股新的能量。她也學會從更真實的觀點來看待自己。她知道，如果努力學習，有一天她可能會成為一位畫家，但也許永遠不會像母親說的那樣，成為「很棒」的畫家。她報名了高階繪畫班，鑽研自己一直很喜愛的油畫，並且持續從教學中獲得樂趣。

一般來說，人們會覺得接受奉承或誇獎，要比接受真誠的欽佩和愛來得容易，因為那些讚美不會威脅到他們對自己的負面信念。有時候人們不喜歡接受那些真正欽佩他們、欣賞他們特質的人真心說出的讚賞話語，因為在這種情況下，他們會感到焦慮、不自在，並且對自己比他人突出感到內疚。

練習 8

費爾史東評估表❷：辨識「看似正面」的虛榮聲音

這個練習可以幫助你辨識「看似正面」的虛榮聲音。請依據評估表中這些想法出現在你生活中的頻率多寡來作答。

當你填寫評估表時，你是否想起父母曾經對你說過這些話？他們對你的描述正確嗎？或者比較像在誇讚你擁有的一些才能或特質？他們是否誇過頭了？這些讚美是否反映出他們希望在人生中達到的成就？是否顯示他們需要你表現得「很棒」，以便提升他們的自尊感？

請圈選出你經歷下列「正面」自我陳述的頻率。

0＝從不　1＝極少　2＝偶爾　3＝多次　4＝經常

頻率	虛榮的聲音
0 1 2 3 4	你比你的朋友聰明多了，你的優點也比他們多。
0 1 2 3 4	你做什麼都能成功！沒有什麼事可以難得倒你。
0 1 2 3 4	你真的很有天分！總有一天，大家會欣賞你的才華。

你比別人知道如何應付一切，而且從不灰心。	0 1 2 3 4
大多數人都會把事情搞砸，但你總是能掌控狀況。	0 1 2 3 4
她確實很漂亮，但外貌只是表象。你比較有個性和魅力。	0 1 2 3 4
他不像你這樣懂得用體貼的方式對待女人。	0 1 2 3 4
你為感情付出一切，他（她）卻幾乎什麼也沒做。	0 1 2 3 4
你值得升到更高的職位，因為你對公司的貢獻比任何人還要多。	0 1 2 3 4
你做的事很有價值、你是無可取代的，公司沒有你怎麼行呢？	0 1 2 3 4
那個專案應該歸功於你，因為大部分的工作都是你完成的。	0 1 2 3 4
你才是幕後的大功臣。	0 1 2 3 4
你具備了各種優點：長得好看、個性好、有魅力。你一定會很有成就。	0 1 2 3 4
女人肯定比較喜歡你而不是其他男人。	0 1 2 3 4
你真的很有幽默感，你看你的笑話讓他（她）笑得多開心。	0 1 2 3 4
看看四周，你顯然是這裡最漂亮（帥）的女人（男人）。	0 1 2 3 4

練習 9

分辨父母對你，以及你對自己的看法

回顧一下你在練習1「試著想像真實的自我」中列出的才能和特質。在本練習裡，**請在下頁描述父母如何看待你的能力、特質、天分和特殊興趣，然後在第101頁描述你對自己的能力、特質、天分和特殊興趣所做的真實評價。**

寫完之後，想想看這些問題：

這兩種觀點有沒有差異？

你如何真實的看待自己？

當你辜負了父母對你的期望時，你是不是覺得自己很失敗？

（請翻開下一頁，試著分別寫下父母對你，以及你對自己的看法。）

父母對我的看法

能力：______

______

______

特質：______

______

______

天分：______

______

______

特殊興趣：______

______

______

______

我對自己的看法

能力：

特質：

天分：

特殊興趣：

練習 10

了解你的限制是眞實的還是想像出來的？

這個練習可以幫助你重新思考自己受到的限制是否完全真實，也許其中一些來自你的內在聲音——不是試圖掩蓋那些不足之處的虛榮聲音，就是把它們加以誇大的負面想法。無論是過於正面或過於負面的想法，我們都可以辨識並克服它們。**請在這個練習裡寫下你認為受到內在批判影響而產生的限制，以及阻礙你達成短期或長期目標的「真實」限制。**

真實存在的限制：

負面的人格特質：

達成短期目標時遇到的障礙：

達成長期目標時遇到的障礙：

我認為受到內在批判影響而產生的限制或障礙：

學會真實的看待自己，才能自由的追求人生

用真實而平衡的觀點看待自己，就和用真實的觀點看待父母一樣重要。為了對抗低自尊，你需要在實現短期與長期人生目標的過程中理解並接納自己受到的限制。儘管那些限制可能會在你努力達成目標時形成真實的障礙，你仍然需要對抗每個人都有的這種「批判自己不足之處」的傾向，無論那些不足之處是真實的還是想像出來的。

每個人都有存在於自我實現與自我破壞或自我設限之間的基本矛盾，而且往往沒有意識到恥辱和內疚形成的循環，因而一直把自己困在這種矛盾和過往經歷中。本章提供的話語治療技巧和練習，可以幫助你找出並察覺內在的恥辱和內疚感。剖析這些負面想法與你早期人生之間的關係，可以讓你更深入了解這些痛苦情緒背後的內在批判。透過不斷挑戰你的自我攻擊想法，你就能帶著熱情與活力自由追求自己的人生。

Part 2

受傷的內在、受限的自我

Part 1說明了內在批判的基本理論，以及它如何削弱你的自尊感、加深你的恥辱和內疚感。在Part 2，我們用相同的理論方法來解釋這些破壞性想法如何限制你去拓展重要的人生領域——事業、人際關係和性生活；如何誘使你依賴藥物和酒精來趕走痛苦的感受；以及如何導致你的情緒低落和沮喪。在這個部分，我們提供了對抗破壞性思想及改善生活的方法和練習。如果你決定在心理治療師的輔助下進一步開拓自己的人生，這個部分的最後一章也提供了有關尋找優秀治療師的實用建議。

Chapter 3

被限制的工作能力與創造力

「但願成功不會在你還無法承受時降臨。」

——艾伯特．哈伯德（Elbert Hubbard，美國作家）

本章著重於說明「內在批判如何阻礙你在工作中獲得滿足感並實現目標」。你會看到企業的領導者、員工，以及參與創意專案計畫者，如何克服內在批判帶來的限制，並且在職場上有更大的發揮。透過辨識某些導致「低效工作習慣」的想法和態度，你將更能在工作中獲得你渴望的成功程度和成就感。

許多專家已經設計出各種策略，來提升工作績效和效率，以及克服阻礙人們在創意工作中展現自我的因素；坊間也有許多書籍提供指引，幫助人們培養有助於達成職涯目標的人格特質。然而這些策略往往忽略了根本原因，因此很多人在遵循這些建議時，都遇到了困難。

為什麼人們在職場上的表現往往遠低於本身的能力？低效工作模式的例子不勝枚舉，而且在工商業的各個領域都很容易觀察到。為什麼員工在升遷之後，通常無法勝任那些過去曾讓他們得到獎勵的相同任務？眾所周知的事實是，許多主管和員工都養成「自我挫敗」的習慣，因此會對難得擁有的成就產生負面反應。

這些例子共同點出了一個與人類行為相關的重要事實：所有人都活在「想要達成的目標」與「允許自己達成的目標」互相矛盾的狀態中。我們都渴望在人生的各方面找到滿足感和成就感，必須再次強調的是，這些傾向是「真實的自我」的一部分；然而我們也有破壞與限制自身成就的傾向，而這種傾向是我們內在批判的表現。如果我們沒有意識到對自己和他人的惡意心態，其實是內在批判的一部分，就可能做出違反自身最佳利益的行為。這種負面想法控制我們行為的程度，決定了我們在工作時的心態，也可能會顯著降低公司的生產力。

心理防禦機制，如何限制了你的工作能力

我們從童年時期就學會用最初習得的方法來保護自己，應付我們所知道的世界。成年之後，我們發現這些策略不僅往往沒有必要、沒有效果，而且還有壞處，因為它們限

制了我們的人生，尤其是我們的職場生涯。接下來，我們會討論人們帶到職場上一些最常見（而且失調）的心理防禦機制。

真實的成就，會威脅童年形成的幻想連結

很多人會幻想自己在職場上很成功，卻不想在現實生活中擁有真實的成就，因為那會破壞他們從童年時期就用來填補自我需求缺口的幻想連結。於是他們會從幻想中尋求滿足，而不是從現實生活中尋求滿足。讓我們看一下安德莉亞的情況。

案例

將怨恨情緒投射到同事與老闆身上的安德莉亞

安德莉亞在銷售工作上有非常優秀的表現，而且已經維持了兩年。在一場特別的晚宴上，公司送給她一只金錶作為獎勵。結果接下來的那個月開始，她的業績一落千丈。

為了明白工作不順利的原因，安德莉亞尋求心理諮商師的協助，並且很快就發現從收到金錶以來一直困擾著她的內在批判：「現在他們對你有更高的期望，你得更拚命工作來提高銷售額和獲利率了，你絕對辦不到的。他們肯定弄錯了，你不配得到任何獎勵，等著看自己失敗吧，你絕對無法達成目標的！」

安德莉亞意識到，聆聽這些自我攻擊聲音並且相信這些對雇主的扭曲觀點，激起了她

童年時期因背負沉重期望而產生的怨恨和憤怒。安德莉亞的父親在她十五歲時去世，為了貼補家用，她不得不長時間做著自己討厭的工作。她的家人從來沒有對她的犧牲表示感謝，所以她從很早以前就幻想有一天能得到讚賞和獎勵；然而在現實生活中，公司肯定她的工作表現卻摧毀了這個幻想。她把過去那些熟悉的怨恨情緒投射到現在的同事和老闆身上，並藉由怠惰表現來發洩這些情緒。在現實生活中獲得成就，實際上阻礙了人們從幻想或想像日後的成就中，所獲得的安慰或滿足。

誇大自己的重要性，只為了滿足虛榮心

有時候，人們會利用真實的成就來彌補低自尊感。他們會誇大自己的重要性、讚美自己，實際上只是為了滿足虛榮心。他們沒有享受別人真誠的賞識和肯定，而是沉浸在自我讚美之中。這正是發生在湯姆這位大公司頂尖業務員身上的事。

案例

陶醉在成功角色的湯姆

「我二十四歲時就成為超級業務員，在一家快速成長的公司裡扮演重要角色。我原本只是做我擅長的事，根本不覺得自己有什麼成就。後來公司表揚我創下最佳業績紀錄，讓我感到難以置信。我也贏得了同事的尊重。

「接下來發生的情況是，我變得很焦慮惶恐。這是個我不熟悉的身分，於是我很快就把實際工作轉換成扮演某種角色。這很難解釋，但突然之間，我開始扮演起『成功的湯姆』，不再是單純的做自己。從我開始在意別人看法的那一刻起，我就活在一種形象當中，而不是過著真實的生活。我不再是我，我會用別人的眼光來看自己。

「每個和我共事的人都對我扮演的角色感到很不舒服，我真的把同事和朋友推得遠遠的。我一直沾沾自喜，給自己很多讚美，而不是接受來自他人的讚美。我告訴自己：『你真的成功了！看看客戶給你的反應！你真是個銷售高手，在那麼短的時間裡就達到這個成就，太厲害了。他們應該感謝你為公司所做的一切。』當時的我很自滿，以至於最後毀了自己的成就。由於我太陶醉在自己的角色或形象裡，連客戶也開始反感，不想再和我說話或向我下訂單。」

湯姆變得注重於角色扮演，而不是做好眼前的工作，他還希望同事們吹捧他自我膨脹出來的虛榮形象。有趣的是，在湯姆成為超級業務員之前，他比較有活力和魅力。當人們靠著虛榮心過日子，就不像單純做自己時那樣能幹以及充滿活力與魅力。

害怕競爭局面，而放棄了應有的成就

有時，人們會因為害怕面對競爭局面，而刻意避免在工作中表現良好，或者放棄應有的成就。在這些情況下，內在批判會變得特別明顯。害怕與他人競爭升遷機會或主管職位的人，可能會對自己說：「要小心他（她），最好不要讓他（她）知道你在爭取那個職位。」換句話說，許多原本可以獲得升遷的人都害怕遭到競爭者的報復。

與對手當面競爭，幾乎都會引發自我批判想法。舉例來說，一位大型建築公司的女性合夥人，就相當困擾「自己習慣避開競爭局面的傾向」。她時常發覺自己會變得很低調、不願表示意見，尤其是在和男性財務主管和建築師討論的時候。她也辨識出鼓勵她避開這種局面的聲音：「他們不會想聽女人說話的。建築業是男人的行業，你懂什麼？他們是專家，比你還有經驗，你只要做你該做的事就行了，不要發表意見。」後來，她分析自己為何會有這種放棄權力的傾向：

「我知道使我受限的最大原因，是我很難超越母親對自己設下的限制。首先，我母親非常順從我的父親，而且她在找到工作以後，總是對老闆唯命是從，從來不發表自己的意見。

「我不僅對自己勝過母親感到內疚，而且肯定也接受了她對男人的看法，害怕自己如果表現得很優秀，會讓他們不高興。我開始感覺這其實是我母親的恐懼，而不是我的恐懼。現在我可以意識到，我一直在仿效母親對待男人的方式。每當我的事業更上一層樓，我的內心都很掙扎，因為我對自己超越母親感到內疚，也深怕自己不配在男人的世界裡擁有一番成就。我和其他女性談過，她們也有同樣的感覺。對我來說，這種內疚和不理性的恐懼感，比男人可能對我設下的任何限制都要大得多。」

扮演受害者角色、透過負面力量操控他人

扮演受害者角色，通常是一種「不願在職場上承擔責任」的跡象。事實上，成熟的大人擁有掌控人生的能力，所以絕不適合抱持受害者心態。員工經常扮演被動的受害者角色，抱怨遭到剝削或不公平的對待，而不去思考也許自己可以做出改變，甚至最後另謀出路。他們會透過「負面力量」來操控別人，而這可能表現在不稱職、幼稚、哭泣和其他軟弱的行為上。隱藏在負面力量背後的內在批判往往帶有自以為是的語氣，而且包含許多「應該如何如何」的想法，例如：「他們不該那樣對你。為什麼你總是很晚下班？主管對你太不公平了，他只會批評你的工作，從來不表揚你的優秀表現。為什麼他得到所有功勞，你卻還拚命幫助他？」

把自己視為受害者是行不通的，因為這種心態會導致你放棄個人力量，也就是：堅持自我主張或做出正向改變的能力。要辨別你是否正在扮演這種角色，你可以檢視自己的反應：你是否經常向同事抱怨工作太多，或是抱怨上司很不講理或太苛求？你是否經

常對自己的失敗或錯誤感到不知所措，或是怪罪別人？如果你出現這種行為模式，原因可能不是上司太苛求或太糟糕，而是你扮演了無助受害者的角色。

這種思考及行為模式可能值得你深入檢視，尤其是如果你換了工作，卻還是出現類似的情況。也許之所以會發生那些令你抱怨的事件，和你本身也有關係。回想一下你過去的工作狀況，你是否經歷過讓你覺得自己是受害者的內在聲音？那些想法如何干擾你目前的工作狀況？

為了避免在職場上扮演受害者角色，請培養積極主動的態度，並且學會掌控局勢。如果你感到不愉快，你需要敞開心胸把問題說出來，或是在問題一再發生並讓你覺得無法挽救時另謀出路。這也意味著你必須培養你的個人力量，建立自己的目標和優先事項。

練習 11

看見你的職涯目標，如何被內在批判限制

請花點時間構思你未來的「終極職涯目標」，然後寫在本練習的最右欄裡，並用自己的話來描述這個目標。

如果你還沒有決定要從事什麼工作，請花幾分鐘思考「對你人生最有意義的理想和價值觀是什麼」，然後用一小段文字描述如何實現這些理想。如果你已經有工作了，請寫下你希望在該領域達成的目標。如果你想要達成的目標不止一個，請簡短的描述其餘的各個目標。

接著，在中間欄裡描述你的內在批判如何攻擊這些目標。最後，在最左欄裡寫下你認為在現實生活中，可能會阻礙你實現終極職涯目標的障礙。

以下是本練習的三個範例：

我的真實想法 ⬅	我的內在批判 ⬅	我的職涯目標
我沒有錢可以攻讀教育碩士學位。	「你對兒童了解多少？他們是怎麼學習的？要怎麼受到啟發？你和兒童相處的經驗不多，你憑什麼認為自己會成為一位好老師？」	**如果我是「學生」：** 我希望從事與兒童有關的工作，不只是教導生活技能，還要啟發他們成為最棒的自己，並且體會幫助別人帶來的快樂和收穫。
我下班後抽不出時間做自己的案子，沒有多餘的錢可以請助手，而且也得不到老婆（老公）的鼓勵。	「你以為你是誰？愛因斯坦嗎？你其實只是想在朋友面前當個大人物而已。」	**如果我是「程式設計師」：** 我的目標是設計一款新軟體來提升電腦科學的技術水準。我想像自己的貢獻會得到同事和主管的肯定。
激勵專案經理做好前置作業與規畫、把開銷控制在預算範圍內以及準時完工，都是需要克服的挑戰。	「這聽起來老套又愚蠢。沒有人會相信你每次都能準時完成專案。太不切實際了！」	**如果我是「設計公司經理」：** 我的個人目標就是公司的使命宣言：「為客戶創造具有美感的環境、把開銷控制在預算範圍內、準時完工，以客戶的最佳利益為優先考量。」

寫寫看，你的終極職涯目標（請由右欄寫至左欄）：

我的真實想法 ⬅	我的內在批判 ⬅	我的職涯目標

「過度依賴」，阻礙了我們在職場上的成就

「過度依賴」的傾向，也會阻礙我們在職場上獲得成就。當我們期待他人把事情搞定，就會產生與這種心態一致的想法。我們會仰賴他人的認同與意見，而不是建立自己的想法。我們可能會對自己說：「做決定的是你的主管，畢竟他是專家，你有什麼資格訂定策略？你只要弄清楚自己該做什麼，然後去做就行了！」內在批判可能會破壞你的自信心以及對本身能力的信任感，導致你依賴同事或上司的支持、認同和關注。

這種傾向在管理階層也可以觀察得到。大多數的主管都不願意表現出任何依賴感和不安全感。他們通常會蒙蔽自己，藉由以下這種想法把「期待別人搞定事情」的要求給合理化：「你已經交派這項工作了，他們應該負責把它處理好，你不需要再給任何指示。」其實真正的意思是：「他們應該幫你搞定，那是他們的工作。」

你可以發現，這種把要求合理化的內在聲音，會嚴重影響人們在職場上以成熟負責的方式處理事情的能力。主管和員工應該做的是拋棄依賴行為、養成獨立習慣，最後學會互相幫助、共同合作，而不是一味依賴他人給予認同或支持。

怠惰的行為，其實是內在批判的外在表現

怠惰也許是對生產力造成最大損失的行為模式，並且會導致工商業付出極高的成本。這類自我挫敗的行為可能具有多種形式，包括：拖延、疲乏、注意力不集中、健忘、不稱職、缺乏條理或低效率的工作方式。

有兩個因素會驅使員工不積極表現自己的正面特質與能力：**第一，無法承受成功對自己的身分帶來的正面變化，於是以怠惰的形式做出反應**，就像前述例子裡的安德莉亞那樣（請參考第108頁）。**第二，在不容許發洩怒氣的工作氛圍中，藉由怠惰行為來處理憤怒和怨恨的情緒**。在這種環境下，憤怒會以被動的方式顯現出來，進而惹惱雇主。

《職場憤怒與衝突》（*Anger and Conflict in the Workplace*，無繁體中文譯本）作者琳恩・麥克盧爾（Lynne McClure）在書中提到，這種隱藏在「幕後」的憤怒情緒，會導致員工在職場上出現破壞性的行為。根據麥克盧爾的說法，許多人完全沒有意識到那些破壞性行為是憤怒的表現，因此如果有人指責他們不稱職或缺乏效率，他們會覺得很無辜。

職場上的典型怠惰行為

由於怠惰的行為模式通常在不知不覺中發生，而且多半表現在被動的行為上，因此

可能不容易直接辨識出來。舉例來說，有一群經理被要求列出會惹惱他們，或者像他們所說「真的會把他們逼瘋」的行為。他們在「令人討厭的員工行為」下方列出的項目包括：祕書老是忘記轉達電話留言、會計人員延遲核發薪資、倉庫工人送錯設備、員工看起來很忙卻沒有完成什麼工作、員工花兩個小時吃午餐、花好幾個小時上網、利用上班時間打私人電話、聊同事的八卦。他們在「令人討厭的其他經理行為」下方列出的項目包括：做事缺乏條理、開會過於頻繁且沒有必要、缺乏團隊精神、無法訂定目標的優先順序和步驟、習慣貶低同事來獲取優越感、溝通能力不佳、不願分享資訊、不尊重業務同仁和其他員工。

覺察引發怠惰行為的內在聲音

大多數的怠惰行為都受到無意識力量的驅使，因此可以理解的是，當別人認為我們不努力工作時，我們通常會感到受傷、遭到誤解，或者感到憤怒、想要為自己辯護。然而，只要察覺這些自我挫敗的模式，並試著找出導致我們摧毀成功機會的念頭，我們還是可以大幅改善這種現象。

布萊德的故事可以說明「人們如何因為害怕改變基本自我觀感，而出現怠惰的工作表現」。

案例

覺得自己懶惰無能的布萊德

布萊德的童年時期，他的父親曾經多次創業，但都以失敗收場。雖然布萊德經常幫父親照顧生意，父母卻認為他很懶惰、不體貼而且對人漠不關心。他們不斷告訴布萊德，他將來會一事無成。

儘管不被父母看好，布萊德卻成為一名專攻公司法的優秀律師，也相當了解金融和商業實務。身為瀕臨破產公司的顧問，布萊德在協助該公司扭轉局勢並開始蓬勃發展的過程中發揮了重要作用，因此他獲聘為該公司的新任財務長。然而，上任幾個月後，他開始在高層主管會議中缺席，也不回覆電話和電子郵件，似乎對公司的日常事務漠不關心。其他高層主管和員工都在抱怨他的行為，更令人擔憂的是，公司的現金流出現嚴重的問題，因此布萊德陷入職位不保的處境。

布萊德對自己的行為感到困惑，於是尋求諮詢以因應眼前的職場危機。他意識到，他之所以拿不出獲得財務長職位的工作表現，原因就出在他的內在批判：

「我感覺很多人對我接下這個職位不以為然。我的腦海裡經常出現打擊自己士氣的話，像是：『你憑什麼認為你和我不一樣？你這麼懶惰又無能，怎麼有辦法管理公司呢？再說，你也不是做主管的料，你老是冷冰冰的，不懂得怎麼對待別人，也很不替人著想。這真是個笑話！你以為你能應付大公司的財務工作嗎？你連自己的時間都管理不好！』」

辨識出自我嘲諷的心態之後，布萊德發現剛接下財務長職位時的恐懼和焦慮，逐漸回復到「與父母負面看法相符的行為」——他試圖透過怠惰的工作表現，來減少想要改變父母負面看法所帶來的恐懼感。

翠西的故事，則是藉由怠惰行為來發洩心中怒氣的例子。

案例

用怠惰來發洩怒氣的翠西

翠西在一所大型大學任教十多年，系主任為了提高學校取得大筆補助經費的能力，高薪聘請了一位知名的男學者。很快的，翠西就發現自己的工作表現遠低於應有水準，不僅沒有準時上課，也遲遲沒有寫好研究經費申請書。她知道自己很不滿系主任，於是開始在日記中寫下她的內在批判。她記錄下來的想法表現出她內心的嫉妒、羨慕以及報復系主任的渴望，因為系主任雇用了讓她覺得具有高度競爭力的對手。以下是她寫下的一些想法：「你在這個系教了十幾年的書，為什麼那個人的薪水是你的兩倍？系主任簡直瘋了。他根本不感激你的付出，也看不出來你對系上有多少貢獻、申請到多少經費，否則他就不會雇用那個人了。你應該辭職，既然沒有人欣賞你，你為什麼要這麼努力呢？」寫下這些內在批判之後，翠西感到如釋重負，並且意識到她其實誇大了心中的憤怒。小時候，因為父母明顯重男輕女，所以她總是得和兄弟們激烈競爭。在明白自己不該遷怒於別人之後，翠西開始重拾對教學與研究工作的活力和熱情。

了解怠惰行為及其背後的想法

要了解阻礙你在工作中獲得滿足和成就感的怠惰行為模式，第一步就是「列出從自己身上辨識到的怠惰跡象」。雖然你可能在不知不覺中隱藏自己的最佳表現，但或許你能夠辨識出其中的怠惰行為。

練習 12

看見你的內在批判如何引發怠惰行爲

請在本練習的最右欄裡，寫下你認為最不利於你在職場上取得成就的行為。接著，在中間欄裡描述內在批判對各個行為的看法，包括你認為自己的職務或同事如何阻礙你實現工作目標。最後，在最左欄寫下你對自己怠惰表現的真實看法（請由右欄寫至左欄）。

我的真實想法 ⬅	我的內在批判 ⬅	怠惰行為
例如：「準時上班很重要，它代表我重視自己的工作。」	例如：「有什麼大不了的？我只晚了十到十五分鐘而已，而且遲到的人不止我一個。」	例如：「我上班經常遲到。」

怠惰行為是如何形成的？

為了掌控引發怠惰行為的想法，接下來需要了解怠惰行為形成的時間和地點。每個人或多或少都有壓抑自己的表現、正面特質與能力的傾向，而這些傾向可以回溯到童年時期。當孩童在對自己經歷的痛苦感到憤怒時，可能會因為憤怒情緒不被接受，而不得不壓抑它們，然而他們很快就發現自己可以藉由不滿足父母的期望來發揮可觀的影響力，而且間接對父母或其他權威人物（例如老師）表達憤怒情緒，會使他們得到某種程度的解脫感。此外，當父母希望孩子成功，與其說是為了孩子的幸福，不如說是為了讓自己感覺良好時，孩子也可能透過怠惰的表現反映出來。在這種壓力下，孩子會難以區分自己的期望與父母的期望。

許多父母會低估孩子承擔責任的能力和意願，導致孩子養成怠惰的行為模式。他們沒有教導孩子在家庭環境中貢獻自己的力量，而且就算孩子漸漸長大，也沒有鼓勵他們參與更重要的事務。許多人就是因為太習慣怠惰，以至於真的認為自己無法做到原本做得到的事。

此外，如果父母對成功感到退卻，並且抱持以失敗為導向的心態，孩子可能也會發現自己在無形當中仿效他們。父母通常沒有意識到自己的工作態度可以為孩子樹立良好的典範，啟發孩子將來在自己的職場生涯中有所成就。**當父母以受害者心態抱怨上司或工作內容時，就會把相同的觀念傳遞給孩子。有些過度操勞的父母只在工作成果當中看見自己的價值，他們的孩子通常也會養成這種強迫性工作模式。**另一方面，當父母以自己的工作為榮，並且把活力和奉獻精神帶進工作中，就可以增強孩子的正面工作態度。

職場上的人際壓力，會強化破壞性想法

來自主管和同事的人際壓力，通常會強化破壞性想法，導致我們壓抑自己的最佳表現、不想全力以赴。舉例來說，有位負責將電腦包裝起來並搬上卡車的新進男性員工被同事警告，他每天裝運的電腦不能超過一定數量——那些同事擔心自己的工作表現會被比下去。

在這個例子裡，新進員工公開感受到來自部門同事的人際壓力——要求他把工作表現拉到某個程度以下。由於有所察覺，他可以決定究竟要屈服於威脅，把工作表現降低到「可接受」的程度，還是繼續照著自己的標準工作。

當人際壓力透過口頭或其他方式明確表現出來時，我們可以選擇要順從既定的標準還是追求更高的標準。然而有些人際壓力比較不明顯，或者不透過言語表達出來，所以威脅效果會更大。這類人際壓力通常是在無形之中引發恐懼和內疚反應，不僅如此，人

們傾向於服從群體的標準與制裁，而不是讓自己顯得與眾不同，因此也強化了這種類型的人際壓力。

大多數人都有認同並仿效領導者的傾向。比方說，如果老闆透過自己的行為，顯示他沒有把客戶擺在第一位，那麼即使經常把「客戶至上」的原則掛在嘴邊，公司的業務人員和客服人員也會仿效老闆的做法，使客戶無法得到貼心優質的服務。而一個脾氣不佳且跋扈的經理，也可能發現自己的嚴厲作風已經深入下屬的行為模式當中。普遍來說，員工在與同事和客戶互動時，採用的態度和行為通常會等同於雇主對待他們的態度和行為。

辨識並克服阻礙創造力的內在批判

如果你的工作與產品開發有關，或者需要透過寫作、音樂、美術或戲劇來表現自己，你可能特別容易受到內在批判影響。在創作過程中，你會表達自己的獨特觀點和真實的自我，因此很可能會經歷「從相反觀點進行自我攻擊」的內在批判。創意型工作通常需要在不受打擾的專注狀態下進行，而長時間獨自工作難免會引發內在批判。比方說，作家可能會對自己說：「這段話一點意義也沒有，沉悶又無聊，直接把它刪掉然後重新開始吧。你憑什麼認為你可以寫作？你想證明什麼？你只是證明你對這個主題或寫作根本一竅不通！」

當我們在各個領域試圖透過創意媒介表達自己時，我們都暴露在內在批判的攻擊之中。當人們出現在公共場合，無論是接受電台採訪，還是在舞台上或鏡頭前演出，內在批判都可能會入侵並妨礙表現。例如，演員可能會發現自己在想：「你演得太僵硬了，加上一點手勢吧。你的表情好奇怪、好尷尬。你看，導演正在瞪你，你看起來就像個木頭人，你應該表現得很自然才對！你還想當演員呢，這簡直是個笑話。面對現實吧，你根本做不到，你根本沒這個本事！」

當你從事創意型工作時，你可以利用練習13來辨識阻礙進度的想法。

練習 13

從事創意型工作前，學會辨識阻礙你工作目標的內在批判

請先填寫「我的工作目標」，然後在最右欄裡寫下達成工作目標所要採取的步驟。接著，在中間欄裡寫下內在批判如何攻擊並干擾你的工作進度。最後，在最左欄裡寫下你對工作進度的真實評估（請由右欄寫至左欄）。

＊我的工作目標：＿＿＿＿＿＿＿＿

達成工作目標所需的步驟

我的真實想法 ⬅	我的內在批判 ⬅

練習 14

費爾史東評估表❸：看見干擾職涯的內在批判

這份評估表可以幫助你辨識干擾職場生涯的內在批判，包括助長虛榮心和怠惰行為的內在聲音，以及導致你對競爭局面感到退卻、扮演受害者角色、期待他人把事情搞定的內在聲音。當你愈熟悉與工作相關的內在批判，就愈能察覺自己可能擁有哪些干擾職場生涯的行為模式。

請圈選出你在職場上經歷下列內在批判的頻率。

0＝從不　1＝極少　2＝偶爾　3＝多次　4＝經常

頻率	內在批判
0 1 2 3 4	你太跋扈了！為什麼別人要聽你的？
0 1 2 3 4	你已經把日常作業程序安排好了，他們應該要能直接執行，不需要再打擾你。
0 1 2 3 4	誰會聽一個女人發號施令呢？
0 1 2 3 4	你是個冒牌貨，根本不知道自己在說什麼。

為什麼你總是要很晚下班？為什麼那些額外的工作都落在你身上？	0 1 2 3 4
你的主管是個混蛋！他根本不在乎你或其他員工，你為什麼還要幫他達成這個月的目標？	0 1 2 3 4
你以為你是誰？你太超過了。你的家族裡還沒有人擁有這麼高的成就。	0 1 2 3 4
你在這個職位上會很成功，因為你擁有的商業知識比公司裡的任何人還要多。	0 1 2 3 4
你無法兼顧家庭和事業。你看，小時候媽媽待在家裡照顧你，所以你憑什麼認為自己兼顧得了？	0 1 2 3 4
在動筆寫作之前，你需要做更多的研究。總之，你對這個主題根本沒有什麼新想法。	0 1 2 3 4
明天你對這個計畫會比較有想法，況且你還有其他事情要先處理。	0 1 2 3 4
你浪費了那麼多時間在寫作上，結果寫出了什麼名堂呢？只有幾張紙而已，而且內容很糟糕、平淡、虛弱、沒有力量。	0 1 2 3 4
你今天夠辛苦的了。你應該好好休息，喝杯咖啡、吃午餐、小酌一下。	0 1 2 3 4
你最好不要把自己獲得升遷的消息昭告天下，因為在背後捅人一刀這種事在這裡很常見。	0 1 2 3 4

0 1 2 3 4	你有很多才華，不應該浪費在這份工作上。那些人根本不懂得賞識你。
0 1 2 3 4	現在你得到這個職位，他們對你會有更高的期望，你絕對沒辦法跟上腳步的。
0 1 2 3 4	這裡只有你才知道如何把事情做好。
0 1 2 3 4	這真是個苦差事。
0 1 2 3 4	檢查一下你的工作——最好要做得很完美！
0 1 2 3 4	那個展覽快要到了，你絕對做不完所有事情的。
0 1 2 3 4	你真傻，還以為每個人都會喜歡你的作品。
0 1 2 3 4	你是這裡最好的員工，他們最好緊緊抓住你、滿足你的需要。
0 1 2 3 4	這裡沒有人喜歡你，你應該把工作給辭了。
0 1 2 3 4	你最好把工作擺在第一位，努力工作，否則你永遠都不會有出息。
0 1 2 3 4	為什麼要攻讀學位？你絕對不會成功的。
0 1 2 3 4	你何時才能找到一份真正的工作，然後認真賺錢，讓自己有所改變？

學會擺脫內在批判，找回職場上的成就與愉悅

本章探討了一個問題：「哪些因素會阻礙你實現職涯目標？」有時候，我們會發現自己在職場上做出自我挫敗的行為，就像在個人生活與人際關係裡會出現的情況一樣。然而，我們通常沒有察覺到為自己設下的限制，而且還可能把失敗或錯誤歸咎於外在事件或其他人。

本章解釋了這些問題背後的破壞性想法。聽從內在批判經常會導致人們摧毀自己的遠大抱負、放棄得來不易的成就。只要理解內在批判與低效工作習慣之間的關聯，就可以採取一些步驟來克服這些問題。你可以利用本章提供的方法和練習來改善工作習慣，並且幫助你更有能力透過創意型工作來展現自我。

職場生涯對我們獲得成就感、愉悅感和幸福感相當重要。擁有成功的事業不僅可以豐富我們的生活、讓我們變得獨立自主，也能帶給我們享受人生其他層面的自由。

Chapter 4

變調的親密關係

「愛也是好的，因為愛是艱難的。要一個人去愛另一個人——這或許是我們所受託最艱難的任務、最重要的任務、最後的考驗與證明，所有其他任務只不過是為此做準備罷了。」

——萊納．瑪利亞．里爾克（Rainer Maria Rilke，德語詩人）

人生中，最有可能因為過去的內在模式而陷入負面命運的領域，莫過於親密關係。在或許最有價值的關係中，我們會因為執著於在原生家庭中形成的自我意象，而把愛拒於心門之外。**這種自我意象通常由內在批判所控制的負面幻想與信念所組成，而改變負面的自我認同會引發很大的焦慮，矛盾的是，大多數人會不惜一切代價想要保留它。**與別人建立親密關係，也會讓我們意識到生命很寶貴，但終究會結束。如果我們擁抱生命與愛，我們也必須面對難以避免的死亡。

當我們冒險嘗試在親密關係中實現自己的人生目標時，通常會經歷不同程度的焦慮。如果戰勝恐懼並接受對方的愛，我們就能抓住幸福。但如果我們不願冒險在親密關係中表現出脆弱的一面，而是縮回自己的保護殼裡，就會在無意間懲罰了那些愛我們、尊重我們的人。我們的行為會導致愛情變調，使伴侶如同我們看待自己那樣，用負面的眼光看待我們。而大多數人仍然沒有意識到親密關係中的這種重要變化。

本章的目的是幫助你辨識可能在親密關係中造成衝突、疏遠或不滿的自我攻擊聲音。藉由遵循本章的建議，揭開特定的內在批判，以及對伴侶產生的敵意和批判性想法，你可以學會敞開心胸去理解你所愛的人，並開始修正可能存在於親密關係中的欺騙性溝通模式。這些指引和練習，也能幫助你和伴侶進行更深度的溝通。

內在批判如何干擾親密關係

感情失和的主要原因，是伴侶雙方都把自己的內在批判以及受這些聲音控制的防禦行為，帶進親密關係之中，並且聽從內在批判的指示。從某方面來說，伴侶雙方都在透過一種負面觀點進行溝通，這種負面觀點不僅扭曲了看待自己的角度，也扭曲了看待伴侶的角度。他們通常會利用內在批判把自己的憤怒和疏遠行為合理化，不願接受對方愛的回應，而且往往將自我批判想法投射到對方身上，產生好像「自己受到伴侶批判」的反應。

許多人會聽從那些反對或嘲笑自己追求愛情，或者警告自己不要對他人投入感情的內在聲音，因而受到影響。比方說，如果你發現自己喜歡某個人，你可能會告訴自己：「當心！不要陷得太深。」或者：「你為什麼要在乎他（她）？」或者：「等等！你真的那麼喜歡他（她）嗎？快踩剎車，事情進展得太快了。」或者：「你真傻，居然相信有真愛存在。」有些內在批判則充滿猜疑，預言將來會遭到拒絕或傷害：「你一定會被拒絕。男人（女人）都是一個樣，他們遲早會把你扔到一旁，他們才不在乎！」

當我們學會忽視那些看似在保護自己的聲音，就會發現它們根本不合邏輯或不正確，因為只憑我們喜愛和信任另一個人，這些聲音就給我們貼上愚蠢的標籤。我們會明白愛一個人是值得的，因為它會帶來幸福感。我們還會發現，以關愛和仁慈之心對待伴侶，可以增強我們對自己的正面觀感。

幻想連結，讓愛與友誼變調的最大因素

一般來說，形成幻想連結，是導致愛與友誼在親密關係中變調的最大因素。當人們發展出這種破壞性的情感連結，通常就會自欺欺人，想像自己和伴侶在愛、情感和友誼

變淡或消失很久之後依然相愛。因此，認識幻想連結的概念，可以幫助我們回答所有人都曾經問過的問題：「為什麼這段戀情會消逝？」或者：「為什麼這段婚姻會失敗？」

根據統計，大約百分之五十的婚姻以離婚告終，平均的婚姻長度只有七年，而且約有一半的已婚者表示對婚姻生活感到不滿意和不幸福。然而，大多數人確實也認為和諧的婚姻關係是值得努力的目標。為什麼人們的行為與口中所說最希望達成的人生目標之間，差異那麼大？原因之一就出在：如同第三章所說，大多數人不是真的想要得到自己宣稱想要得到的東西。事實上，許多人似乎發現，**幻想愛情要比實際接受伴侶的愛來得容易。比方說，大多數的伴侶都會說他們愛著對方，然而如果仔細觀察，就會發現他們的行為難以符合「愛」這個字的任何一個合理定義。**

為什麼許多人不是在真實的親密關係中體會真正的滿足和幸福，而是從幻想中尋求安慰與安全感？答案就出自「童年時期」。如同第一章所說，孩子在成長過程中多少都會經歷痛苦和焦慮的情緒，當父母無法提供愛和情感以及符合孩子需求或促進孩子發展的必要指導，孩子就會幻想自己與母親或主要照顧者融為一體，以彌補自己在現實生活中缺少的東西。孩子會藉由這種幻想產生一種完全自給自足的錯覺，以減輕部分的痛苦、焦慮和飢餓感。他們會覺得自己本身是個由「慈祥父母」和「需要關懷的孩子」所構成的完整系統。

我們在兒時遭到剝奪或拒絕的程度愈嚴重，愈可能創造出這種幻想，相信自己不需要任何人，並在成年之後抗拒他人帶來的真實親密感和真誠的愛，不願再冒險投入一段親密關係中。我們害怕在冒險投入之後，又會經歷相同程度的焦慮、恐懼和痛苦，也就是我們最初在無助且需要依賴大人的童年時期，試圖藉由幻想連結來逃避的情緒。於是，我們會幻想自己與伴侶有著親密相愛的關係，就像我們在兒時想像自己與父母緊密相連一樣。我們會重複過去的模式，避免冒險與另一個人建立真實的關係。許多人似乎寧願重複相同模式來獲得熟悉感以及某種程度的安全感，也不願意冒險嘗試新的事物。

總之，我們在成年後會藉由讓人成癮的依附關係或者過度依賴某個對象，將原本對父母產生的幻想連結擴大到外面的世界，並利用一些顯示自己仍然「屬於」伴侶的跡象及其他加強愛情假象的象徵性事物，來支撐擴大的部分。然而，如果伴侶雙方在親密關係中都形成這種幻想連結，就難以擁有真正的親密、溫暖或情感。

內在批判和幻想連結，如何共同破壞親密關係

自我貶低感以及對他人的不信任感會保護幻想連結，使我們相信自己可以自給自足、不需要任何人。如果我們用猜疑的眼光看待他人或者覺得自己不好，就會難以與外

界接觸，並且更依賴自己及各種自我安慰的活動。比方說，你可能會覺得一個人看書或看電視比較輕鬆，不想接受朋友的邀請去參加社交活動；或者你可能不會積極尋找可以認識新朋友的場合，只想和一、兩個熟識多年的朋友接觸。**我們之所以會幻想自己遭到拒絕、對親密關係抱持負面期望、用猜疑的眼光看待他人，都是因為內在批判及其破壞性觀點在作祟。**

每當人們依循內在批判（也就是對自己與外界都有敵意的觀點）行事，與人互動時往往就會引發憤怒感、侵擾感或厭惡感。用負面思考模式看待自己或他人會增強幻想連結，導致關係疏遠。比方說，如果我們認為自己有很多缺點或不可愛，或者不信任別人，就不太可能追求愛情，或者在親密關係中尋求滿足感。於是當我們遇到真正肯定我們、愛我們的人時，我們會開始感到焦慮不安、痛苦難過，因為我們對自己的正面看法牴觸了負面自我意象和我們所熟悉的防禦機制。在這種時候，內在批判可能會更強烈且堅決的告訴自己不值得對方喜愛，或者指出並誇大對方的任何缺陷或弱點。

察覺關係裡的幻想連結跡象

要如何知道自己已經開始在親密關係中形成幻想連結？該注意哪些狀況？一個初步

跡象是：你和伴侶之間的接觸不再那麼親密，而是流於形式與公式化。你們的眼神交流減少了、溝通方式變得比較疏離、大多聊些無關緊要的小事，或者會鬥嘴、替對方發言、打斷對方的話、開始用「我們」當主詞，例如：「我們會這樣做，我們會這麼想……」你們可能愈來愈懶得說話和傾聽，不像從前那樣可以聊很久，原本隨興、有趣的互動也漸漸消失。

你們是否落入公式化的做愛模式，而且較難引發對方的性趣？許多人認為這是彼此太熟悉的結果，其實並不盡然。當其中一方或雙方開始犧牲自己的個體性以維持伴侶關係時，對彼此的吸引力就會降低。

隨著幻想連結開始成形，真實的親密行為減少，而伴侶會為了試圖掩蓋這個痛苦的事實，並且藉由「幻想恆久不變的愛情」來取代實質的關係。日常例行事務、習慣、儀式以及依角色而定（不隨興）的行為，取代了已經變淡或完全消失的真實友誼和感情，於是伴侶們只是基於義務行事，而不是真的渴望在一起。

儘管幻想連結比較缺乏真實的個人感受，但當它遭遇威脅時，其中一方或雙方可能會出現強烈的情緒反應。讓我們看一下這個例子：

案例

恐懼離婚的戴夫

結婚十五年的戴夫和艾琳已經漸行漸遠。從戴夫有印象開始，兩人就經常因為艾琳透支預算而處得不愉快，他們沒有性生活，而且各有各的朋友圈。由於負債不斷增加，他們最後不得不賣掉房子，艾琳則搬到母親家住。戴夫希望展開新的生活，於是向艾琳建議兩人合法分居，艾琳則回應說她要離婚。

後來，戴夫向朋友談起自己的反應：「當艾琳一說出『離婚』兩個字，我的心臟就開始猛跳，我的臉色也蒼白起來，我很害怕，整個人都慌了，要是沒有她，我該怎麼辦？等到談完以後，我告訴她我改變心意了，我們應該繼續像以前那樣過日子。我知道我妥協了，但我不知道為什麼。為什麼我那麼震驚？我還是感到很沮喪。在理智上，我知道這很荒唐，因為多年來我們沒有共同的財產，所以如果離婚了，我不會有什麼實際的損失，但我會感覺身邊少了什麼。」

戴夫之所以出現過度情緒化的反應，是因為他即將失去婚姻的外在形式，而不是因為他即將失去從很久以前就已經疏遠的真實伴侶艾琳。像這樣因為對愛與親密的幻想破滅而感到焦慮的戲劇性反應，經常被誤以為是伴侶真心在乎對方的表現。

幻想連結通常會在伴侶們做出同居、結婚或生小孩的承諾後增強，因為這些承諾保

證了持續存在的愛與安全感，也就是幻想連結的外在跡象。對於抱持負面自我意象的人來說，這種「屬於」另一個人而且「永遠」被愛的感覺可以提供難以抗拒的安慰。另一方面，對成熟的人來說，與伴侶共同做出終生相守的承諾並不是因為想要尋求終極的安全感，而是因為可以展現深刻的感情。

從扮演父母或孩子角色，回到平等的立場

隨著幻想連結開始成形，原本站在成年人平等立場上建立關係的伴侶，不是扮演起像孩子一樣的依賴型角色，就是扮演起像父母一樣的權威型角色。舉例來說，芭芭拉在伴侶諮商團體中，透露了她在婚後如何為了順從丈夫而漸漸捨棄自己的觀點：

「我在婚姻關係中感到最困擾的一件事是，我愈來愈沒有自己的想法。我是在念大學的時候認識阿倫的，那時我正在規畫未來的出路，而且對政治很感興趣。阿倫和我經常聊很久，而且無所不談，像是政治、宗教、國際事務等等。他有很強的主見，我也是，所以我很喜歡和他討論。但是在我們結婚以後，甚至也許在婚前，我開始覺得他懂得比我多、比我聰明，所以我會避免發表意見，到最後我幾乎不知道自己真正想的或相信的是什麼了。」

某些情況下，女人會變得比較依賴、像個孩子一樣，希望受到男人呵護；而某些情況下，男人會放棄自己的想法、仰賴女人給予意見和指示。無論扮演的是孩子或父母角色，伴侶都無法表現真實的自我。**扮演父母角色的伴侶會否認自己的恐懼與無助感，就像扮演孩子角色的伴侶會否認自己對權力和能力的感受。**儘管可能會抱怨對方幼稚或獨斷，但他們通常不願做出實質改變、重新站在成年人的平等立場上維繫關係，因為若任何一方朝真正自主的方向前進，都會破壞幻想連結，在彼此之間引發強烈的焦慮感。

害怕感到脆弱，讓我們抗拒愛

人類世界裡有個不幸的真相是：被愛的一方經常會忍不住懲罰另一方。當某個人用不同於我們看待自己的方式看待我們，就會使我們的防禦機制受到威脅，並且擾亂我們在人生早期形成的負面自我意象。許多人執著於自我批判心態，不願接受正面的自我觀感以及經歷足以改變負面自我意象的愛，**因為光是感受到自己的真實面目、獲得欣賞和喜愛，就會引發對人生早期缺憾所產生的深沉感傷。**被愛的感覺也會提醒我們生命的脆弱與珍貴，使我們對死亡終將帶走所愛的人（和我們自己）感到悲傷難過。

因為害怕感到脆弱，許多人會對建立親密感心生退卻，並且在幾乎不自覺的情況下，逐漸放棄親密關係中最有價值的部分。當情感、性吸引力和友誼與過去不快樂和遭到拒絕的經驗形成對比時，人們就會無意識的試圖消弭這種差距。

三種無意識方式，讓我們不斷重現原生家庭的狀況

在意識層面上，我們可能認為自己想要擁有甜蜜的親密關係，但在無意識層面上，我們往往還是會透過「選擇」、「扭曲」和「激怒」這三種方式，在目前的關係中重現原生家庭的狀況。

方式❶：選擇

我們傾向選擇與父母、兄姊或其他家庭成員相似的人成為伴侶，因為和他們在一起很自在。當對方的防禦機制和相處方式與我們一致，就會使我們感到放鬆。來看一下這個例子：

案例

覺得伴侶疏遠的蘿拉

蘿拉在一場派對裡遇到了麥特，立刻深受吸引，她說他看起來「孤單又帶點悲傷，而且那迷離的眼神簡直令人難以抗拒」。於是，當麥特獨自站在陽台上時，蘿拉走過去找他聊天，結果兩人一拍即合，不久之後就開始固定約會。剛開始，他們之間有很強的吸引力和化學反應，但麥特喜歡從事一個人的活動，而且很專注於工作，所以蘿拉漸漸感覺被冷落，他們的性生活也受到影響。蘿拉的抱怨使得麥特變得更疏遠，最終導致分手。當他們還是情侶時，蘿拉完全沒有意識到，麥特的疏遠行為與她那值得尊敬卻又難以親近的父親經常迴避肢體接觸的風格很相像。事實上，那些原本可以讓蘿拉警覺到「麥特偏好獨處」的行為，正是兩人初次相遇時令她著迷的特徵。

麥特在人生早期受到的最大影響來自何處？來自他的母親。麥特的母親有很強的干預性格，她需要知道麥特的所有想法和感受，因此她經常在門口迎接放學回家的麥特，然後要求他坐下來告訴她一整天發生的事。等到麥特十幾歲的時候，他已經找到一些可以避免母親問東問西的辦法，例如發呆、關在房間裡念書，以及學父親那樣避免接觸和互動。

當麥特在派對裡初次見到蘿拉時，他被她的友善以及明顯示好的舉動給吸引。雖然蘿拉問到了他的生活以及他對各種話題的想法和感受，他卻完全沒有反感，甚至覺得這種特質格外吸引他。但漸漸的，麥特愈來愈不喜歡蘿拉老是問個不停，並開始避免與她交談，這種冷漠態度只是讓蘿拉更渴望得到他的關注而已。於是，這對情侶之間的差距變得愈來愈大，他們沒有意識到自己正在潛意識中重溫童年時期的相同狀況。

如果你從客觀的角度看待過去選擇的伴侶，你認為對方的哪些個人特質吸引了你？那些個人特質或特徵，是否與你父母的任何特徵相似？從現在的伴侶身上，你是否看到任何原本特別吸引你、現在卻惹惱你的行為或特質？

方式❷：扭曲

選擇與父母截然不同的人成為伴侶，會讓我們發現自己進入了全新而陌生的領域。不過，我們可能會藉由扭曲伴侶的言行舉止——換句話說，刻意誤認對方與我們生命中的某個人很相似——來紓解緊張焦慮的情緒。舉例來說，愛倫有個經常對她冷嘲熱諷的父親，幸運的是，她選到了一個好伴侶。她的未婚夫布魯斯恰巧有著隨和又風趣的個性，而且不會猜疑或批判別人。當布魯斯向愛倫求婚時，她感到相當興奮，不過她很快就開始在腦海中扭曲布魯斯出於善意和幽默感，對兩人關係所說的許多話（其實那些話非常肯定她真實的一面），並認為它們聽起來帶有諷刺、否定和批評的味道。

扭曲的想法不見得都是負面的。很多時候，我們會從展開全新關係且具有重要意義的人身上，看見父母或兄弟姊妹的正面及負面特質，而且通常會如同把父母理想化那樣，誇大新伴侶的正面特質、把對方想得很美好。此外，我們也會因為希望自己受到呵護，而把伴侶看得比實際上更堅強。當我們這麼做時，只要伴侶表現出任何脆弱的跡象，我們可能就會感到不滿。

方式❸：激怒

重現人生早期情境的第三種方式，是利用一些行為迫使伴侶做出我們熟悉的反應。我們可以藉由操控伴侶的反應，來喚起童年時期時常經歷的行為，有時甚至還能把伴侶惹惱到大聲說出「我們對自己的內在批判」。通常，這種激怒情況會伴隨著伴侶最深情溫柔的時刻，在親密關係中製造距離。

很多時候，我們會不自覺的利用這三種方式來抗拒愛與親密感，然而它們會把我們當初建立起防禦機制的情境，套進新關係中，使我們退回較熟悉也較不容易受傷害的相處模式。

舉例來說，卡爾從小被家人認為是個缺乏責任感的懶鬼或怪胎，雖然他在念高中時曾經當過領導者，而且贏得同儕的敬佩與尊重，家人卻始終把他視為怪胎。卡爾在長大後開了一間成功的餐廳，且妻子也仰慕他正直和堅毅的性格。但過了幾年，卡爾在餐廳管理工作上變得健忘且不負責任，導致妻子經常被他缺乏行動力的消極態度給激怒，而且每次爭論到最後，她總是會說卡爾是個「懶惰、一無是處的怪胎」。事實上，卡爾不自覺的重現了兒時情境，也增強了他在原生家庭中形成且十分熟悉的負面自我意象。

如何破除親密關係中的幻想連結

如果你和伴侶已經形成幻想連結，可以採取下列步驟加以破除，並重拾最初在親密關係中感受到的愛與友誼：

（1）探索你們親密關係的各個層面，尋找幻想連結的跡象。如果發現了一些線索，請承認它們的存在，並停止忽略你們已經漸漸疏遠以及缺乏親密行為的徵象。

（2）坦承你對自己和伴侶產生了敵視與批判性的內在聲音。

（3）共同面對在試圖修復親密關係的過程中，所引發的痛苦和悲傷情緒。

（4）將你們害怕對方拒絕、離棄或死亡的恐懼感表達出來。

（5）朝自主的方向邁進，並尊重彼此的目標和優先事項。

（6）努力打破支配與服從的相處模式，建立平等的親密關係。

練習 15

費爾史東評估表❹：看見影響親密關係的內在批判

你和伴侶可以利用本練習所提供的評估表，協助辨識可能影響親密關係的內在批判。

請圈選出你經歷下列內在批判的頻率。

0＝從不　1＝極少　2＝偶爾　3＝多次　4＝經常

頻率	內在批判
0 1 2 3 4	照顧女人是男人的責任。
0 1 2 3 4	你永遠不可能找到另一個懂你的人。
0 1 2 3 4	男人很不體貼、很固執己見。他們不希望你對任何事有自己的意見。
0 1 2 3 4	別對他（她）太著迷。
0 1 2 3 4	你最好滿足他（她）的需求。
0 1 2 3 4	別讓他（她）知道你在想什麼。

0 1 2 3 4	你老是讓步，完全沒有自己的原則。
0 1 2 3 4	你為什麼這麼興奮？他（她）到底好在哪裡？
0 1 2 3 4	你得吹捧男人，讓他覺得自己很重要。
0 1 2 3 4	女人脆弱又敏感，你跟她們說話的時候要小心一點。
0 1 2 3 4	他（她）不是真的在乎你，要是真的在乎，他（她）就會表現出來了。
0 1 2 3 4	不要這麼獨立，讓他（她）作主。
0 1 2 3 4	對他（她）來說，你的感受和想法並不重要。
0 1 2 3 4	你算哪根蔥啊，誰會在乎你？
0 1 2 3 4	別把這段感情又搞砸了。
0 1 2 3 4	他（她）老是跟朋友在一起。
0 1 2 3 4	你配不上他（她），這段感情不會有結果的。
0 1 2 3 4	你得一直讓他（她）對你感興趣。
0 1 2 3 4	為什麼他（她）不更親熱一點？

0 1 2 3 4	女人真的很麻煩，不但幼稚、情緒化，而且有控制欲。
0 1 2 3 4	你太害羞了，不敢認識新朋友。你這麼忸怩又笨拙，根本沒辦法和男人（女人）交談。
0 1 2 3 4	你最好不要肖想跟很有魅力的女人（男人）交往。你長得不夠好看。
0 1 2 3 4	你自己一個人會更好，這樣就不必忍受這種鳥事了！
0 1 2 3 4	沒有男人會永遠守著一個女人，他們本性就是如此！
0 1 2 3 4	下次他（她）就會發現你的真面目了。
0 1 2 3 4	你真是個傻瓜，太容易讓步了。
0 1 2 3 4	你最好多念點書、找個好工作，這樣他離開你的時候，你才有個依靠。
0 1 2 3 4	你不值得被愛。
0 1 2 3 4	沒錯，你長得還可以，但是根本配不上她，拜託。
0 1 2 3 4	你真自私，你對男人（女人）要求（期望）太多了。
0 1 2 3 4	他有時候真的很混蛋！
0 1 2 3 4	她有時候真的很爛！

0 1 2 3 4	他（她）老是嫉妒別人，為什麼就不能成熟點呢？
0 1 2 3 4	你受到這種對待是你活該，你總是要求太多。
0 1 2 3 4	難怪他（她）會放你鴿子。他（她）有別的想法了。
0 1 2 3 4	等他（她）認識你以後，就會發現你的真面目了。
0 1 2 3 4	你最好裝得體面一點，否則他（她）對你不會感興趣的。
0 1 2 3 4	你太敏感、太脆弱了，一定會受到傷害。
0 1 2 3 4	女人不懂生活的現實面。
0 1 2 3 4	男人不在乎感受。他們不關心女人，也不關心孩子。
0 1 2 3 4	在認識你以前，他（她）的日子好過多了。你只是拖累他（她）而已。
0 1 2 3 4	你得控制住自己。只要走錯一步，最後就會落得孤單一人。
0 1 2 3 4	只要給他（她）想要的，事情就會順利一點了。
0 1 2 3 4	你最好找個好工作、賺很多錢，這樣才養得起她（他）。
0 1 2 3 4	他是個沒出息的魯蛇，不要跟他交往。

不要把你的感受表現出來，不要讓他（她）知道你很在乎，鎮定點。	0 1 2 3 4
沒有人要你，你最後會變成孤單老人。	0 1 2 3 4
他（她）不是真的在乎你。	0 1 2 3 4
他（她）只在乎自己的獨立性。你呢？你要怎麼融入他（她）的生活？	0 1 2 3 4
你們絕對合不來的。	0 1 2 3 4
女人很不直接、很難懂，而且總是三心二意。	0 1 2 3 4
你要為她（他）的感受負責。如果她（他）不高興，那就是你的錯，你會受到指責。	0 1 2 3 4
你得找個男人，然後控制住他，因為你需要他的照顧。	0 1 2 3 4
反正你又不風趣，你們有什麼好聊的呢？	0 1 2 3 4
你不需要愛情，你很堅強。	0 1 2 3 4
你得讓他（她）感覺他（她）很重要，而且你需要他（她）。	0 1 2 3 4
為什麼他（她）不為我們的感情多付出一點？	0 1 2 3 4

練習 16

看見親密關係中，你最常經歷的內在批判

請在本練習的右欄，記下你在感情生活中最常經歷的內在批判，然後在左欄寫下真實的想法。

我的內在批判如何評斷自己

我對自己的真實想法

練習 17

看見你對伴侶產生的內在批判

請在本練習的右欄，記下你對伴侶最不可愛的特質與行為最常產生的負面想法。這些不可愛的特質通常會被你的內在聲音誇大，如果你真的說出這些批評的話，語氣應該會充滿譏諷的味道。接著，**在左欄，從更真實或客觀的角度寫下你對伴侶的看法。**你可能會發現，當你記下這些較為正面的觀點時，你對伴侶抱持的猜疑或諷刺心態會大幅減少。

我的內在批判如何評斷伴侶

我對伴侶的真實想法

練習 18

對於親密關係，你的內在批判與真實的自我感受

請在本練習的右欄，寫下你對自己的親密關係，或對婚姻與親密關係的任何負面看法。這些看法出自哪裡？你的人生早期經驗？父母的相處方式？媒體所描述的親密關係？還是你從已婚朋友身上觀察到的溝通及相處模式？接著，在左欄寫下你對自己的親密關係或普遍的親密關係的真實看法。

我的內在批判如何評斷親密關係

____

____

____

____

____

____

____

____

____

____

____

____

____

我對親密關係的真實想法

學會用適當的方式透露內在批判

在熟悉如何記下有關自己、伴侶和親密關係的負面想法之後，你可能會希望透露給伴侶知道。很顯然，時機非常重要，因為你的伴侶需要敞開心胸傾聽你對他（她）的一些負面看法。你需要向伴侶保證，這些聲音不代表你的真實看法，它們只是反映了你在人生早期階段形成的敵視心態。請盡力消除這些內在批判的諷刺口氣，並以真誠且體貼的方式透露這些內容。

你可能會希望與伴侶談談，輪流表達並傾聽你們的自我批判想法以及對彼此產生的敵意。**請試著以不責備的方式透露自己的內在批判，並盡量不要把伴侶的內在批判視為對你個人的批評。當你們互相分享自我攻擊和猜疑對方的內在聲音，就可以培養以理解和仁慈的心傾聽對方的能力。**

大多數人在聽到伴侶說出對自己的負面看法時，都會感覺鬆一口氣，而不是感覺受到人身攻擊。這些聲音是伴侶透過行為發洩，而沒有直接說出來的想法，換句話說，其中一方或雙方已經為此感到苦惱。傾聽伴侶透露猜疑和不信任態度的過程中，雙方會愈來愈清楚他們的感情出了什麼問題，而不是繼續困惑下去。他們也可以開始明白，潛藏在伴侶行為背後的想法通常與他們無關，而是來自過往經驗的投射。

和朋友聊聊，揭露你的內在批判與破壞性想法

和值得信賴的朋友聊十到十五分鐘，每週至少兩次，說出你對自己和親密關係所產生的內在批判。如果你還不習慣和伴侶討論這些想法，那麼和朋友聊聊會對你很有幫助。這個過程會幫助你揭露自己的內在批判和破壞性想法，並且進行現實檢驗，因此你可能會發現——你對自己和親密關係的許多負面想法都不正確，有些內在批判甚至可能很荒謬或自相矛盾。

然而，**並非所有內在批判都是錯的，但即使其中一部分是事實，那部分也無法解釋經常伴隨內在批判出現的強烈敵意或惡意。**即使那些聲音反映了某個客觀事實，你也必須區分內在批判背後的極度敵視心態與其內容。比方說，你的內在批判怎麼看待你自己的負面特質？客觀的觀察者會怎麼看？你的朋友又會怎麼看？

辨識對伴侶有所保留的行為模式，學會更真誠的面對親密關係

在親密關係中，我們可能會不知不覺養成「對伴侶有所保留」的行為模式，並隱藏某些特別受伴侶喜愛或重視的正面特質和行為，包括外表或美貌、善意的小舉動、慷慨的衝動行為、愛意、性能力等等，例子不勝枚舉。

比如，丈夫對新婚妻子說，她留長髮很漂亮，他尤其喜歡她長髮落在肩上的樣子。隔週，妻子因為一時興起，到髮廊剪了一個極短的髮型。結果那天晚上，當她和丈夫一起吃晚餐時，丈夫露出震驚的表情，而且相當憤怒和失望，令她百思不得其解。

維繫親密關係的重點是「不要做出對伴侶有所保留」的行為，因為它們會引起伴侶的憤怒。以下是派翠西亞・洛夫（Patricia Love）和桑妮・舒爾金（Sunny Shulkin）在《如何摧毀完美的親密關係》（*How to Ruin a Perfectly Good Relationship*，無繁體中文譯本）這本幽默著作裡所提供的指示，而且每句話都呈現出在親密關係中，對伴侶有所保留的常見行為。不用想也知道，我們的目標是「不要做」這些事，而且要做相反的事：

習慣遲到、吝於讚賞、隱瞞訊息、讓伴侶從別人（例如你的母親或你的祕書）口中聽到重要的細節、在做愛時有所保留（這招絕對會讓你贏得更多分數）。

不讓伴侶看到你微笑、把伴侶送你的禮物拿去跟別人交換、否定所有讚美、絕不開口求助、拒絕讓伴侶解決任何問題。

當個控制狂、堅守「如果你愛我，就會知道我要什麼」的信念、在伴侶試圖取悅你時百般挑剔、不遵守承諾、不說出你的真實想法和感受。

在伴侶生病或受傷時裝作沒看到、更關注電視節目而不是伴侶、把說句好話或表達愛意的時間給省下來、樂於壓抑快樂、絕不說「我愛你」三個字、不理會伴侶向你示愛。

拒絕伴侶想要親熱的請求、完全放棄性生活、告訴自己你就是沒性趣、讓激情熄滅、承諾與伴侶做愛但不履行、隱瞞你的性需求卻指望伴侶知道你要什麼。

最後，肯定能摧毀親密關係的三句話：

「老實跟你說，我真的不喜歡摸那裡。」

「我愛你，但我沒有『愛上』你。」

「放假時我需要一個人靜靜。」

「單方面解除武裝」技巧，化解親密關係中的爭吵局面

請利用「單方面解除武裝」的技巧，來化解不斷升溫的爭吵局面。伴侶之間的爭執通常會從輕微的意見分歧，逐漸擴大到嚴重的敵視與辱罵，不過很多時候，相對簡單的辦法是：**在其中一方或雙方說出或做出會後悔的事情之前，打破指控與反指控的惡性循環**。當你感覺彼此的意見分歧正在演變為一場意氣之爭時，請放下賭氣的想法、試著與伴侶溝通。你可以說些溫柔體貼的話，或者強調誰對誰錯並不重要，或者透過肢體接觸來表達愛意。

一般來說，在爭吵過程中釋出關懷對方的正面訊息，可以讓對方被營造和平氛圍的

努力給感動，然後解除武裝，因此這個做法往往能快速消除敵意（畢竟一個巴掌拍不響）。使用「單方面解除武裝」的技巧，絕不代表你得放棄自己的觀點，或者必須聽從伴侶的意見，這只是表示你更重視彼此的親密情感，而不是誰輸誰贏。

為親密關係設定目標

記住，你在親密關係中擁有可觀的影響力。雖然你沒有能力改變伴侶，但是你有能力改變自己。改變由內在批判驅動的行為，就會改變你們在親密關係中的互動模式。讓我們看一個例子：

案例

決定不聽從內在批判的珍娜

珍娜決定拉近與丈夫之間的距離，而且已經朝這個目標努力了好幾個星期。她用更多的同理和體諒來對待丈夫，尤其當他承受很大的壓力時。在丈夫卡爾出差三天之後，珍娜趁著中午打電話給他，建議兩人到城裡共度一個浪漫的夜晚。卡爾回應：他才剛回來，一整天都很忙，他寧願在家裡度過一個平靜的夜晚。珍娜感到既失望又憤怒，而且開始覺得卡爾不僅拒絕了她的建議，也拒絕了她這個人。她告訴自己：「如果他真的在乎你，他就會希望和你度過浪漫的夜晚。他一點都不感激你，還有你為他所做的一切！」

到了下午，她腦子裡全都是負面想法，因此變得很冷漠。她不想展現出熱情，也不想變得脆弱或是對丈夫做出任何要求。後來，她的頭腦變得比較清楚了，她發現如果自己聽從內在批判衝動行事，就會違背自己設定的目標，那就是——拉近與丈夫之間的距離。於是她決定有意識的改變自己的惱怒和冷漠情緒，並且在卡爾回家時敞開心胸迎接他，看看會發生什麼事。

結果，卡爾從進門的那一刻起就對她相當體貼。兩人在聊天中度過了浪漫的夜晚，而且感覺丈夫在做愛時格外溫柔。珍娜突然意識到，要是她聽從了內在批判，可能就會度過一個非常不同的夜晚。

練習 19

記下你在親密關係中想要實現的目標

在本練習的右欄，記下你在親密關係中想要實現的目標；然後在左欄，寫下實現目標需要採取的行動，並且追蹤你的目標達成進度。

如果你發現自己在追求目標的過程中有所動搖，請不要氣餒，幾乎所有人都會在承受壓力的情況下重回過去的行為模式。

許多人都會對真實的愛與親密感產生深層的恐懼，以至於在親密關係中出現不滿意、不快樂和困惑的現象。這種恐懼的源頭來自幻想連結，也就是在我們人生早期階段形成的防禦機制。我們會把這種自我保護的方式帶進成年生活中——儘管已經沒有這個必要。當我們明白這一點，並且能夠辨識和挑戰控制它的內在批判，就能建立並維持親密的關係。

在親密關係中，我想要實現的目標是：

為了實現目標，我要採取的行動是：

Chapter 5

痛苦的性生活

「當性愛之神進門，愛往往會飛出窗外。臥房是地球上極度危險的地方。」

——R．D．連恩（R.D.Laing，蘇格蘭精神科醫師）

「性」是人類經驗中很重要的一部分，它為生命提供了強大動力，可以創造出強烈的快樂和滿足，但也能帶來相當程度的痛苦與折磨。我們有許多痛苦都牽涉到「性」以及在「獲得性滿足」的過程中所遇到的障礙，尤其是在親密關係中。

我們的性認同、性愛經驗，以及對自己身體的感覺，是構成幸福感和自尊感的基礎。如果我們擁有大致健康的性取向，它會反映在活力水準和整體外觀上。如果與生俱來的性取向被擾亂，就會產生嚴重的後果，生活中的許多層面也會大受影響，包括性生活以外的事務和活動。在親密關係中，甜蜜的性接觸與真誠的陪伴可以促進心理健康，也是許多人追求的理想。

然而，如果透過內在批判的扭曲觀點來看待「性」，可能就會對生命中這個自然且令人愉悅的部分產生罪惡感。童年時期，大多數人或多或少都會形成不正確及不健康的觀點，而且在長大之後，往往沒有意識到自己的性觀念仍然受到過去的經驗以及破壞性想法和心態影響。

比方說，你是否曾經想過：為什麼在這個性啟蒙的時代，許多人仍然認為直接談論與性有關的話題並不恰當，或者在提到這些話題時會露出尷尬的笑容？為什麼黃色笑話很骯髒？為什麼性是神祕的？儘管從一九六〇年代的性革命以來，社會對成人性行為的接受度已經提高，但許多人仍然扭曲了對性的看法，使他們在與人相處時經常感到尷尬或不悅。

衝突與對立的兩種「性」觀點

性，可以對「自我意識」以及「我們享受成熟及持久親密關係的能力」產生正面或負面的影響，而這些影響多半取決於看待性和性別的方式。正如我們對自己、伴侶和感情關係有兩種對立的看法，我們對自己的身體以及在愛與性滿足方面的給予與接受能力，也有兩種對立的觀點。

從健康、「乾淨」的觀點來看，性愛是愛意的自然延伸，是一種給予與接受歡愉感的重要交流形式，而不是與感情關係其他部分無關的活動。當我們這麼想，性接觸就可能是好玩、有趣、舒服、動人、深情、認真、無憂無慮，或者上述相互結合起來的感覺——視我們的心情而定。

相對的，從不健康或「骯髒」的觀點來看，性愛是應該保持隱密並與生活其他部分區分開來的活動，而且人的身體是可恥的，與性功能有關的器官都帶有色情的含義。當我們從這個觀點去看待性愛，就會認為它不適合作為社交對話或討論的主題，在兒童面前尤其如此。

在理智層面上，我們都同意性功能是構成人類生命的一部分，相當簡單而自然。但是在情感層面上，幾乎每個人都會對自己的身體感到羞恥，因而引發各種性問題以及對性表現的恐懼，這些性問題是逐漸形成的，從輕微的煩惱到性關係中的嚴重失調現象都包括在內。**我們從父母、親戚、同儕身上和社會中所學到關於「性」的扭曲心態，往往會對我們的性生活和感情關係造成嚴重的影響。**這些心態以內在批判的形式出現，可能會在性生活的任何時刻干擾我們的想法，並損害從親密關係裡最緊密的元素中，獲得滿足的能力。

父母、同儕和社會如何影響我們對性的態度

我們對性抱持的負面態度，通常反映出父母對性、對彼此，以及對兩性的想法和感受。儘管父母或許擁有開明的性觀念，還是難免會接收到他們在情感層面上的負面扭曲心態。我們可以從父母的互動當中觀察到他們的性關係模式——無論是溫暖而親密，還是冷漠而疏遠。

許多父母在家裡不大會表現出與性有關的跡象，或者以任何方式顯示他們擁有活躍的性生活，比方說，許多人可能會記得自己的父母分床睡或分房睡。有些父母不願在孩子面前透過肢體動作表達愛意，有些父母可能會說黃色笑話，或者嘲笑在公共場合示愛的情侶。

儘管許多父母認為，孩子應該培養健康的性觀念，但是會開誠布公與孩子談性的父母卻不多。有些父母拒絕讓正值青春期的孩子參加性教育課程，因為他們害怕孩子會受到錯誤的影響而發生性行為；有些父母則堅持性教育課程只能教導孩子禁欲，不能提供避孕的資訊或討論如何預防性病。

對性的看法，影響我們如何看待自己的身體

我們對性的看法，會反映在我們對自己身體的感覺上。嬰幼兒階段的孩子明顯享受著自由感，缺乏與裸體有關的自覺性，然而到了五、六歲時，被人看到自己沒穿衣服，大多數孩子都會感到很尷尬。從父母那裡所學到「看待人體和裸體」的基本態度，增強了許多孩子的不自在感。

有些父母的作風則過於「性化」，然而這與較為僵化和壓抑的家庭對性設下限制一樣，有不良影響。讓我們看一下下面的例子：

案例

將性視為生命全部的凱西

凱西回憶道：「從我很小的時候開始，印象裡的一切都與性有關。爸媽會和我談性，而且完全沒有不安的感覺。我記得小時候看過一本書在講『我從哪裡來？』，還有一本書叫做『如果你給我看你的，我就給你看我的』之類的。

「我想，在我們家，每件事都離不開性（我真的是指每件事），而且我就是被這樣對待的。我記得爸媽會帶全家人到野外，然後我爸會在田野裡拍我媽的裸照。我們家的客廳裡掛了一張我爸替我媽拍的照片，那張照片只看得到肩膀以上的部分，但我總覺得哪裡不對勁，

它似乎把我媽肩膀以下也全裸的事變成了祕密。

「我以前認為男女之間的互動都是性互動。我知道我父母是這麼想的，我自己也是這麼想。我從來沒想過男女之間存在著友誼或甚至只有愛情。性是生命的起點和終點，它是生命的全部，這就是我看待事情的方式。」

父母的過度反應，讓孩子對自慰產生罪惡感

數十年來，人們對自慰的看法已經有很大的轉變，但是許多父母在發現孩子的自慰行為時還是有強烈的情緒反應。由於父母的過度反應可能使孩子產生罪惡感，因此孩子也學會遮掩這種行為。

孩子喜歡探索自己的身體，也喜歡互相探索與觸摸身體。這種天生對性別差異感到好奇的傾向，會促使孩子與兄弟姊妹或同伴玩起性遊戲。很多時候，父母在發現孩子玩「醫生與護士」之類的性遊戲時都會嚴厲斥責，但孩子對自己的身體和性器官感興趣，是成長過程中的正常現象，因此建議父母用簡單的話語向孩子說明和提醒：「用這種方式探索自己的身體是很自然的事，不過在公共場合表現出這種好奇心，通常會引起人們的不滿。」父母可以透過冷靜而不帶評判的態度，幫助孩子擁有健康的「性發展」，包

括建立親密感和友愛感。

社會對性的態度，沉重的影響了孩子與同儕的關係

人們在成長過程中習得各種關於性的扭曲態度，會共同改變社會的文化習俗，然後社會制度、規範與限制再以負面社會壓力的形式反映在每個人身上。這些負面文化與規範，往往會深入日常生活的各個層面，對人們的性發展造成不良的影響。

社會看待性的態度，通常會為孩子與同儕之間的關係帶來負面的社會壓力。

案例

被同學用有色眼光看待的琳達

琳達參加了一場以「社會對性的態度」為主題的研討會，並且在會中提到，她曾經因為同儕用有色眼光看待她與某位男同學之間的友愛行為，而遭到誤解與嘲笑：

「我在念小學四年級時，跟一個我很喜歡的男孩成為要好的朋友，我們兩個總是形影不離。有一天，我們決定要親吻對方，但是像這樣充分表達情感之類的事似乎不是件小事。

「那天，他騎著腳踏車載我來到樹林裡的一個大石坑，然後我們在大石坑的邊緣坐下來。因為我們非常害羞，所以只是在討論是否真的要親吻。這時，有幾個同校男生剛好在

樹林裡聽見我們說話，於是跑出來嘲笑我們，說我們想要做愛。我記得我們兩個都覺得很受傷，趕緊坐上他的腳踏車離開，他載我回家時還哭了。我真的很難過。

「第二天，那些男生在學校裡把我們的事說了出來。我快丟臉死了，他也是，但最糟糕的是，從那時候開始，我們兩個就再也沒有說過話。這真的很痛苦，因為我們一直都念同一所學校，而且總是會碰到對方。我甚至在高中畢業舞會上遇到他，雖然我們在舞會迎面碰上，卻說不出一句話。

「直到今天，每當想起這件事，我都無法忘記他當時在回家路上哭泣的樣子，他真的很傷心。雖然這似乎是件小事，但帶來了嚴重的影響，因為事實上我們在那之後就沒有說過話，也沒有正眼看過對方。」

家庭具有社會化的重要功能，可以教導孩子熟悉社會的規範與習俗。然而，儘管許多父母向孩子傳遞了良好的價值觀，卻沒能了解孩子對性的感受，而且在孩子面前說到有關性的事情時，往往缺乏敏感度。

案例

壓抑了性正常感受的羅納德

在上述同一場研討會，羅納德提到他母親的話如何加深了自己的不自在感，並影響他成年後的親密關係：

「我生性十分害羞，而且在念中學的時候不常約會。但我記得有幾次我真的約了女生出去，而且正要出門時，我媽總是說：『不要做出九個月以後會帶貨回來給我的事。』這句話是在告訴我：『別讓女生懷孕。』而我是那種好不容易才能約到女生的人。我沒想到我媽居然認為，我在第一次約會時就會親吻女生，還叫我不能做任何會讓女生懷孕的事。我甚至記得我當時暗自在想：她說的話真的很荒謬。

「但不知道為什麼，她的話確實對我造成了影響。我記得大學時有過幾段親密關係，只要第一次和女人做愛，都會覺得要達到高潮特別困難，甚至不是勃起的問題，就只是為了要完成做愛這件事而已。我真的覺得那句話在某方面抑制了我對性的正常感覺，就是那種覺得自己沒問題、可以放心對女人產生性欲的正常感覺。雖然我媽只是隨口說了句玩笑話，但我想我不曾領悟到它究竟是怎麼影響我的。」

很顯然，我們在童年與青春期經歷的許多事，會扭曲我們對自己身體與性的想法，這些不健康的心態也使得「性」成為充滿焦慮和痛苦的一個領域。儘管近年來人們比較能夠開誠布公的談論，讓這種情況稍有改善，但很多不良影響依舊存在。

內在批判，讓我們將性視為需要評判的表現

我們可以將內在批判，視為「不健康性觀念」的發言人。它會導致我們否定自己的愉悅感、放棄與生俱來的欲望和需求，以順從在童年時期習得的禁律。與性有關的內在批判通常針對我們自己和伴侶而來，例如有位女子提到她經常告訴自己：「你愈來愈肥，也不像從前那樣年輕了，他（丈夫）怎麼會覺得你還有吸引力呢？」她對丈夫也產生了負面想法：「他晚上總是呼呼大睡，對做愛已經沒什麼興趣了，而且就算做愛，也像在辦例行公事一樣。」這兩種對我們自己和伴侶所產生的負面想法都會降低性欲、壓抑我們的情感和性反應。

男人和女人在做愛時經常會對他們的身體、性行為與動作，或者自己與伴侶的興奮程度，產生各種不同的內在批判。**這些自我挫敗的想法會使人開始把「性」視為需要評判的表現，而不是單純情感與吸引力的延伸。**

練習 20

費爾史東評估表❺：影響性關係的內在批判

本練習可以協助你熟悉可能影響性關係的負面想法。如果你願意，也可以影印一份給伴侶使用。

請圈選出你經歷下列內在批判的頻率。

0＝從不　1＝極少　2＝偶爾　3＝多次　4＝經常

頻率	內在批判
0 1 2 3 4	性總是帶來麻煩，何必傷那個腦筋呢？反正生活中還有更重要的事。
0 1 2 3 4	他（她）每次都找藉口不想做愛。
0 1 2 3 4	他（她）可能會劈腿，最好看緊他（她）一點。
0 1 2 3 4	下次他（她）就會發現你真正的樣子了。
0 1 2 3 4	你的胸部太小／大了。
0 1 2 3 4	你的陰莖太小了。

做愛是年輕人的事。你太老，做不動了。	0 1 2 3 4
你可能會懷孕／你可能會讓她懷孕。	0 1 2 3 4
你怎麼知道他（她）説有做愛滋病檢查是真的？	0 1 2 3 4
你老是讓步，完全沒有自己的原則。	0 1 2 3 4
他（她）好冷淡，而且沒什麼反應。	0 1 2 3 4
他（她）大概在外面偷吃了！	0 1 2 3 4
他（她）可能跟約會過的每個女人（男人）都這麼説。	0 1 2 3 4
他（她）不懂得怎麼撫摸你。	0 1 2 3 4
你怎麼知道她有性高潮？也許她覺得這次的經驗很糟。	0 1 2 3 4
男人只對性有興趣，他們不想對感情做出承諾。	0 1 2 3 4
你不夠硬，這樣沒辦法滿足她的。	0 1 2 3 4
他（她）一定覺得這次的經驗很糟，以後不會再跟你聯絡了。	0 1 2 3 4
他（她）根本不在乎你的性需求。	0 1 2 3 4
女人在性方面很難捉摸，她們只是想讓你掉進婚姻的陷阱裡。	0 1 2 3 4

在做愛之前產生的內在批判

人們根據經驗描述出來的內在批判中，相當常見的一種就是「提醒自己要設防，避免與另一個人有肉體和情感上的牽連」。很多時候，當人們想要進一步發展親密關係時，都會意識到內在批判在提醒自己：「小心！別對他（她）太著迷。萬一他（她）跟你做愛以後決定分手怎麼辦？到時候你一定會很傷心。」

你可能也注意到，有些內在批判甚至在你發生性行為之前就會出現。舉例來說，由於愛滋病已經成為嚴重的問題，如果你正考慮與某人開始發展性關係，你可能會告訴自己：「萬一他（她）說做過愛滋病檢查其實是騙你的，那該怎麼辦？萬一他（她）對安全性行為不像你一樣有概念，那該怎麼辦？你怎麼知道你可以相信這個人？」

男人經常會因為擔心親密伴侶懷孕而告訴自己：「你怎麼知道她真的像她說的那樣在吃避孕藥？萬一她就是打算懷孕怎麼辦？你憑什麼認為她值得信任？」

如果你的伴侶正好有點猶豫或不夠熱情，你可能會產生負面的反應，或者想要避免發生性行為。

案例

覺得做愛是邪惡的事的吉姆

吉姆發現自己跟剛交往的女友在一起時會感到不自在，他說：「當我們要從客廳走進臥室時，腦海裡會出現批評自己過於主動的念頭：『你憑什麼認為她想要跟你在一起？你只是在勉強人家，這樣發展太快了，你太不體貼了！』」接著，吉姆繼續說：「有時候，如果我覺得女友有點猶豫，這些自我批判的想法就會冒出來。我不太清楚她猶豫的原因是什麼，也許我已經感到不自在，所以沒有好好對待她，也許是她自己也感到不自在。總之，我當下有一種奇怪的感覺，好像我想做愛是件邪惡的事。」

許多年長者往往把年齡當成藉口，限制自己做愛的頻率。比方說，他們可能會這樣告訴自己：「人到了這個年紀，就不需要有那麼頻繁的性生活。你應該安定一點，享受其他的樂趣。畢竟你的工作這麼忙，還有那麼多朋友，性愛不是你現在生活中最重要的事，那適合年輕人去做，不適合你。」

不少年長的男性提到，如果他們對女人表現出愛意或性趣，就會發現內在批判在告訴他們：「最傻的莫過於老傻瓜。」有些年長女性也告訴自己：「你太老了，皮膚皺巴巴的、身材也走樣了，他怎麼還會覺得你有吸引力呢？」

我們社會的態度以及他人在無意間說出來的普遍刻板觀念，也會加強這些內在批判。有一位五十歲婦女在做例行婦科檢查時，被醫生問道：「你做愛的次數還很多嗎？」結果接下來那幾個星期，她都用負面心態評判自己和丈夫做愛的頻率：「你覺得這樣還能維持多久？你在這個年紀還有這麼活躍的性生活，恐怕不是件好事。這有點奇怪和不正常，你不覺得嗎？」

在做愛時產生的內在批判

許多人在做愛時會產生負面想法，對自己的興奮感和性反應造成不利的影響。有時候，這些想法會導致性欲全消。

批判自己的身體

在性愛過程中產生貶低自己外表和身體的想法，通常會妨礙情欲的流動。例如，許多在意自己胸部的女性會在心裡想著：「你的胸部太小了。」「你的胸部太大了，而且形狀不好看。」「你的胸部看起來很奇怪，害你連泳衣都不敢穿，他怎麼會想要摸呢？」或者對自己的性器官有意見，像是：「你的陰道太鬆了。」或：「你的陰道不太好聞，可能不乾淨，別讓他碰那裡，不要口交，否則他會覺得很噁心。」

同樣的道理，許多對自己陰莖不滿意的男人也會想著：「你的陰莖太小了，滿足不了她的。你很快就會軟掉，你不像別的男人那樣有陽剛味。」有趣的是，通常受到最多內在批判的身體部位，正是性伴侶不會觸摸或愛撫的部位，似乎性伴侶會不自覺的注意到彼此的內在批判。

批判自己的性表現

人們在做愛時可能會對自己各方面的表現和興奮程度產生負面的想法，例如：「你不夠興奮、不夠淫。」或者：「你不夠硬，不可能會有性高潮。」你也可能會批判自己的動作或取悅伴侶的能力，例如：「你動作太大了，他會覺得你很淫蕩。」「你插入得太快了，她還沒準備好，你會傷到她的。」或者：「你撫摸他（她）的方法不對，你對他（她）的喜好不夠敏感。」人們經常會有「你得想辦法挺過去」之類的念頭，而這種注重「性表現」的心態，會使人在做愛時變得機械化或缺乏情感。

在做愛之後產生的內在批判

你可能和許多人一樣，在做愛之後會開始回想整個過程。矛盾的是，有些人即使經歷了特別滿足、富有情感意義的性愛，還是會產生一連串的內在批判。這些內在批判通常從負面角度去預測未來的經驗，而且貶低了雙方和彼此的性愛過程。以下是女性在經歷了令人滿足的性愛後，經常會出現的一些內在聲音：

「所以你感覺很棒嗎？那又怎樣？你以為你可以一直有這種感覺嗎？算了吧！下次你

恐怕會很緊張。」

「你覺得很愉快嗎？那又怎樣！他做完以後看起來不怎麼愉快，也許他覺得這是一次很糟糕的經驗。他可能被你的熱情給嚇壞了。」

許多男人則描述了這類的想法：

「她做完以後看起來不是很開心，你怎麼知道她有性高潮？她可能是裝出來的。」

「這次你很幸運，不過等著看吧，下次她就會發現你到底有多少本事。」

辨識你的內在批判，與伴侶邁向更親密的關係

當內在批判干擾做愛過程時，我們通常會試圖忽略那些想法，以便將注意力放在完成性行為上，然而這種解決方式經常使我們在情感上與伴侶更疏遠。相反的，暫時停下來並談談那些想法會有所幫助（也就是如同第四章所說，不帶指責的向伴侶揭露自己的內在批判），而且重點是保持身體接觸。換句話說，盡量不要讓內在批判影響身體上的擁抱與親近，這樣就可能再度感到興奮、受到吸引並燃起性欲，然後繼續做愛。無論如何，我們都會感覺愛意重新湧現，並且與伴侶變得更親密，而不是更疏遠。

案例

覺得性生活出現問題的艾倫和喬治

艾倫和喬治在結婚一年後開始遇到性生活方面的問題，於是他們參加了一場研習會，學會透過對話來表達彼此的內在批判。某天晚上，當兩人開始做愛時，艾倫注意到自己興奮不起來，於是她決定運用在研習會上學到的方法，向喬治表達她的感受。

她說：「你知道，我本來很想跟你做愛，但後來我感到害怕，所以我要暫時停下來，告訴你我的一些想法。我一開始在想：『你感覺不是很熱情，到底怎麼了？』然後我開始想你的事。我知道這聽起來很荒唐，但我在懷疑你也許不是真的想跟我在一起。我知道我不該這麼想，但我希望讓你知道。我的一些內在批判是：『他一點也不想跟你在一起，你不是他想要的伴侶。他對你並不滿意，而且一點感覺也沒有。』最後一個想法，跟我認為你真正的感覺相反，所以就連說出來都讓我很痛苦、不安。」

喬治告訴艾倫，他很高興她建議彼此談一談，因為他開始出現相同的感覺。

他說：「我自己也感受不到熱情，而且我開始在想：『發生了什麼事？她很好，似乎很興奮，問題一定出在你身上，你最好導正過來，解決這個狀況。動作再快一點、完成它，但不要讓她知道你哪裡不對勁，也不要讓她以為是她有問題。』」

互相透露內在批判並分享感受之後，艾倫和喬治感覺彼此更親密，然後繼續做愛。

練習 21

了解內在批判如何看待你的性生活

請在本練習的右欄，記下你經歷過與性生活有關的內在批判。接著，在左欄寫下你的真實感受。

寫下我的內在批判

做愛之前：

做愛時：

做愛之後：

寫下我的真實想法

做愛之前：

做愛時：

做愛之後：

光譜兩端的性愛模式：健康而親密 vs. 依賴性愛滿足自我需求

伴侶之間的性愛經驗，可能會依每次經歷的情感親密度而有很大的差異。正如性觀念有兩種不同的類型，性愛模式也分為兩種，而且我們可以把它們想成光譜的兩端：一端是健康的性愛模式，它包含真正的情感交流，是兩個人柔情蜜意和伴侶關係的延續；另一端則是純粹利用性行為來紓解緊張情緒或隔絕某些感受的性愛模式，它摒棄了真實的親密感和情感交流，傾向於依賴性愛來滿足自我需求。

從情感發展出來的性愛經驗最令人滿足，因此每當伴侶在做愛過程中從親密的情感交流模式，轉換到偏重於自我滿足模式時，雙方的幸福感都會減損。許多人就描述自己在經歷了缺乏情感的性愛過程後，覺得空虛、不滿足和煩躁。

這兩種性愛模式之間的差別，不見得會反映在親密關係的穩定度、持久度或深度上，**因此重點在於每個伴侶將對方視為獨立的人，而不是用來滿足自我的工具**。每當伴侶為了控制、操弄、權力遊戲、獲取安全感或自我安慰而進行性行為時，都可能對雙方造成傷害。

有幾個跡象可以幫助我們察覺到自己可能正在情感層面上疏遠伴侶，並且偏重於較無情感交流的性愛模式：（1）壓抑自己的情欲反應；（2）試圖控制伴侶和性愛行為；（3）過於依賴性幻想來增強興奮感；（4）如同先前所說，在做愛之前和做愛時產生負面想法。

跡象❶：壓抑自己的情欲反應

有時候，我們可能會發現自己壓抑了情欲的自然流露，例如親密的愛撫和身體接觸。如同第三章所說，許多壓抑模式是不知不覺形成的，當我們習慣或長久壓抑自己的情欲反應，就會抹煞自然產生的興奮感和迷戀感。

跡象❷：試圖控制伴侶和性愛行為

壓抑情欲的人，通常會害怕隨興而起的性互動和親密行為，因而想要控制或指揮性愛行為的各個環節，也就是說，他們會決定做愛的頻率、時間、地點、環境、動作、姿勢和表達情感的方式。這種做法可以減輕他們的恐懼感，並且增加安全感。大多數人會不自覺的經歷這種恐懼反應，在察覺自己變得焦慮或恐懼之前，就會出現退縮的情況。史蒂芬妮的婚姻是個令人遺憾的典型例子，它說明了壓抑情欲和控制性愛行為帶來的後果。

案例

試圖控制婚姻的史蒂芬妮

史蒂芬妮在婚後不久，就因為感到恐懼不安而開始壓抑自己的情感和其他正面反應。不僅如此，她也試圖控制婚姻的許多層面，尤其是性生活。

史蒂芬妮的丈夫勞夫向來對女人言聽計從，所以他逐漸屈服於她的控制操弄，放棄了自己的想法。由於史蒂芬妮不願敞開心房，勞夫在情感上變得飢渴，希望得到她的愛和情感。隨著時間過去，勞夫變得愈來愈被動、絕望、缺乏吸引力。為了取悅史蒂芬妮以及維繫婚姻關係，勞夫放棄了自己的需求。這對夫妻最終分手了，後來史蒂芬妮在心理治療過程中試圖了解自己婚姻失敗的原因：

「剛結婚的時候，我的內在聲音會批判我做愛時的表現，比如：『不要那麼興奮、不要那麼主動、動作不要那麼大。』但後來那些批判想法轉而針對勞夫，這使我很痛苦，因為我知道是我害他對自己產生負面感受。最後，我開始排斥他的身體接觸，而且冒出這樣的想法：『他觸摸我的感覺不大好、太柔和了。他很弱，根本就不是個強壯的男人，所以你怎麼能興奮得起來呢？聽著，如果你今天晚上跟他做愛，明天就不用做了，他已經很習慣這樣。你做了該做的事以後就可以放輕鬆了，所以速戰速決吧，只要讓他覺得夠了就可以交差了。你只要躺著、不要動，其他都交給他去做。他需要這樣，他需要這樣才能滿足。

你只要順著他就好，不要有任何感覺！』

「現在我明白我把他看成了一個多麼軟弱的人，我知道是我讓他變成那樣的，而且那正是我覺得他缺乏吸引力的時候。我真的很愧疚，因為我知道自己在某種程度上把他變成了一個我無法愛的人。我記得我曾經恨勞夫讓我控制他，儘管那是我一直在做的事。」

當心理治療師問史蒂芬妮為什麼這麼缺乏安全感時，她說：

「這麼說吧，我覺得如果我不控制他，他就不會跟我在一起。我覺得自己沒有可愛到讓他選擇了我，所以我必須確定他永遠在我身邊。這聽起來很不合理，但我想如果他有足夠的自由，就算只是選擇我們要看哪部電影，我就會失去他。如果他有那種程度的自由，他絕不會選擇我的。

「你知道，我母親就是這樣，我父母親的關係也是這樣，我不知道還有什麼生活方式。我一直很討厭自己、覺得自己不可愛，甚至無法相信當初他竟然會選擇我，所以我得牢牢抓住他才行。」

童年經歷的性虐待，讓許多人壓抑情欲、控制性愛行為

許多感到恐懼而需要壓抑情欲或控制性愛行為的人，都曾經在小時候遭到性虐待。長大成人之後，他們往往隨意與人發生性行為、不會認真交往。一旦他們真的投入一段

感情，特別是結合了親密感與性行為的關係，他們會有恐懼感，並且出現壓抑情欲或控制性愛行為的反應。他們可能在啟動防禦機制之前，都沒有意識到自己的恐懼，因為小時候遭遇性虐待的記憶，往往會在親密的性關係面臨挑戰時，才會浮上檯面。讓我們來看一下史蒂芬妮的案例。

案例

對親密關係感到不自在的史蒂芬妮

透過心理治療了解為何婚姻失敗的過程中，史蒂芬妮想起了父親曾經做出的不當性行為，還有父母要她和姊妹們共同參與的性遊戲。她明白自己的恐懼感來自多次性虐待的經驗，而這些經驗累積起來的效應，導致她在親密情況下感到不自在，並且在不知不覺中採取了壓抑與控制的防禦機制，以幫助自己應付恐懼感：

史蒂芬妮：「我想起我在成長過程中經歷到的所有感受，還有我在家裡受到的對待，尤其是我父親對待我的方式。他從來沒有和藹的對我，也不會對我表現出親切感。他看到的從來不是『你是個可貴的孩子或可貴的女孩』這樣而已，他看到的永遠是我的外表，或是我可以靠外表得到的東西。我知道我的不安全感跟這件事有很大的關係。我從來不懂得單純的喜歡自己，這也是為什麼，我一直無法相信勞夫會單純的喜歡我，因為我從來不曾這樣對自己。」

史蒂芬妮的姊姊們證實了她的童年記憶，因為她們也遭遇過同樣的對待，她們甚至提到父母親曾經誘使史蒂芬妮和最小的妹妹一起參與性遊戲。對史蒂芬妮來說，面對這些記憶是很痛苦的事，但是了解過往的遭遇幫助她建立了善待自己的心態，而且對自己的性感受不再那麼恐懼。

跡象❸：過於依賴性幻想來增強興奮感

許多人在做愛過程中，會藉由性幻想製造自己與伴侶之間的距離。從某方面來說，當我們利用性幻想來增強興奮感，就等於否定了與伴侶互動的需要，也代表我們從親密的情感交流中抽離。當做愛過程摻雜了隱瞞的成分，我們會產生內疚感，尤其當性幻想的對象並非伴侶的時候。

案例

感受不到夫妻激情的傑瑞

五十歲的傑瑞談起他與結婚十年的妻子之間的性關係：

「我最近有個很大的困擾，那就是我在夫妻生活中感受不到性愛的激情。我在做愛之前會感到很興奮、很期待，然後不知道為什麼，我的興奮感會停止。這很諷刺，因為我不缺乏興奮感和親密關係，但我卻幻想從別人身上得到滿足。

「回想結婚以來甚至結婚以前的日子，我可以意識到這種模式已經存在了很長一段時間。以前談戀愛時，我會對某個女人充滿興奮感，但在和她發展出親密關係以後，興奮感就會消失，然後我會把別的女人當成性幻想的對象。現在，我有個真實存在而且想要親近的妻子，但我沒有和她保持親密，反而對別人產生性幻想。我知道我忽略了生命中很重要的一部分，這讓我感到很難過。

「在我十幾歲的時候，我父親告訴過我，有些女孩是你發生性關係的對象，有些女孩不是你發生性關係的對象。雖然那是他在性教育方面所做的幽默嘗試，但我知道我的問題和那有關。我甚至不記得有誰曾經在和我談論有關性的任何事情時，用正面或細膩的態度表達看法。我聽到的都是『不可以』、『要小心』或『這是你發生性關係的對象、這不是你發生性關係的對象』。我從來沒有聽人說過性愛有美好的一面，或是一種互相交流。」

練習
22

寫下與性有關的假想對話，學會區分自己與父母的想法

透過書寫，你可以與「父母當中最讓你認同的一方」，進行與性有關的假想對話。如此一來，可以有效幫助你充分了解自己的內在批判，以及你從父母那裡接收到的負面心態。在本練習中，**請寫下父親或母親，會對你的性傾向、伴侶和性關係，說出哪些話，然後針對這些內容寫下你想告訴父親或母親的話**。透過假想對話，練習寫出這兩種觀點，可以幫助你區分自己和父母的想法。例如以下節錄自某位女性在進行本練習時所寫的內容：

「講到性愛和男人，我母親會這麼說：『你不會喜歡性愛的。什麼叫做在性愛過程中享受親密感？鬼扯，那根本不是享受的時候！性愛是男人在享受的，而且他們能得到什麼才是重點。他們迷戀女人胸部和臀部這件事該怎麼說？太噁心了——你看，這全都是為了他們。女人的身體對他們太有吸引力了，你只是他們滿足欲望的對象而已。他們的身體一點也不吸引人，所以對你有什麼好處呢？認清事實！親密感和性愛不是同時存在的。只要拒絕就行了！不要表現出你很感興趣，因為你不感興趣。還有，控制好你自己！』

「我會對母親這麼說：『你完全錯了。光是想到要親近我老公的身體，就

能讓我興奮起來。男人喜歡取悅女人，這是一種互相交流。撫摸和親吻自己心愛的人、在床上溫柔的對待他，是無比快樂的事。性愛的重點不在於表現，而在於共同享受親密、親近、溫柔的時光，還有與自己的感覺和身心保持連結。』」

寫寫看母親／父親對你的性傾向、伴侶和性關係，會說出哪些話？

我的母親／父親會怎麼說？

我會對我的母親／父親怎麼說？

學會維持情感親密度，擺脫干擾親密關係的內在批判

有個練習可以幫助伴侶維持情感親密度，同時增進性生活中相互愛撫時的親密度，那就是「讓伴侶輪流做出想要對另一半做的任何事」。開始做這個練習時，請和伴侶談談你們在相互愛撫中，可能會產生的任何自我壓抑感或不自在感，然後輪流碰觸、撫摸、按摩或撫弄對方的敏感部位。在練習過程中，最好可以表達當下經歷到的感受和想

法。你們的對話可以包含正面的感受，也可以包含在互相愛撫的過程中，可能察覺到的任何負面想法。如果出現悲傷的情緒，請不要感到訝異。**我們為了免於悲傷而建立起來的防禦機制，正是我們可以藉由愛與親密感來瓦解的同一套防禦機制。**

許多扭曲的心態和想法會影響性愛過程的各個階段。利用話語治療技巧與練習來揭露內在父母的命令式語句，可以幫助你區分自己的憤怒和內在批判，以及較為仁慈的真實自我觀點。透過了解這些想法及其源頭，你可以從自我挫敗及自我設限的行為中釋放出來，並且明顯改善你的性關係。

儘管許多人認為，在親密關係建立之初感受到的激情和性興奮感，會因為伴侶彼此日漸熟悉而自然消退，但不需要出現這種情況。即使過了親密關係的初期，你和伴侶還是可以繼續體驗性愛和激情。戰勝干擾性關係的內在批判，你們將會經歷並發展出特別令人滿足的愛情、友誼和性生活。

Chapter 6

不再自由的思想和行爲

「這些聲音……非常真實……這些聲音是為了掌控受害者的頭腦而存在；而這些帶著命令的聲音，指引著每個行為和思想。」

——瑪西雅．D（Marcia D.），其網站：《被遺棄的信念：厭食者的內在聲音》（Abandoned Beliefs: Anorexia's Voices）

在本章，我們會說明那些不僅限制人們追尋人生目標的能力，還可能損害身體及情緒健康的「行為」。這些成癮模式也許不會立即造成生命危險，但確實會降低我們的生活品質，而且它們在社會中十分普遍，以至於經常被認為是正常現象。

這些行為的共同之處在於：它們受到內在批判的影響，會替人們隔絕痛苦的感覺。因此，我們必須辨識主宰這些行為的破壞性想法，並且尋找更好的方式，來面對生活中無可避免的痛苦和壓力，以便克服它們。

為了逃避痛苦和焦慮，我們會對童年時期的防禦機制成癮

用壓抑感受來逃避痛苦和焦慮，不僅只是暫時阻隔，還會局限愉悅和興奮感。童年時期，我們之所以對減輕痛苦的防禦機制或方法上癮，原因在於它們就像毒品，可以「暫時讓心情好起來」。但如同吸毒者所遇到的情況，我們的生活因應能力會變差，且隔絕自己的感覺也會加深自我設限的程度。壓抑感覺往往導致我們與自己脫離，難以建立真實的自我觀感。

每當受壓抑的感覺快要突破到意識層面時，我們就會開始感到焦慮，而這可能會形成惡性循環，因為我們會覺得：自己必須做更多事來隔絕焦慮感。通常，我們會尋求另一種熟悉但會導致自我挫敗的方法來因應。事實上，過著「依賴防禦機制」的生活很像重度成癮，因為它會消耗我們的能量和資源。另一方面，當我們選擇過著敞開心房、擁抱脆弱、體會苦與樂的生活，就會讓原有的能量充分釋放。

人生早期有過相當痛苦經驗的人，通常難以放棄他們用來當成因應機制的負面觀點、行為和活動。但是**長期來看，猜疑心態、對熟悉的模式成癮，和自我挫敗行為，其破壞力比冒險擁抱人生甚至再次受到傷害還要大。**

「切斷感受」的生活模式，會過度依賴具有自我安撫作用的習慣、儀式和例行活

動。而這種生活模式的基礎，正是「一個人錯認能夠自給自足」。這種「偽獨立感」（幻想連結）與真正的獨立生活有所差別，因為後者必然牽涉到在真實世界中，與真實的人進行真實的交流。

本章會說明可能會成癮的行為和活動、針對這些行為背後的內在批判提供對策，並建議如何在生活中應付痛苦。首先，讓我們把焦點擺在童年時期的事件上，並且探究我們如何習得這些自我安撫的方法。

為了自我撫育，我們依賴提供「自給自足錯覺」的防禦機制

為什麼人們會對某些物質、物體或活動上癮？成癮過程是如何開始的？首先，我們必須了解幻想與成癮之間有著密切的關係。人類擁有非凡的想像力，但這種能力可以帶來優勢，也可以成為弱點。

如果小時候在生理或情感層面上受到剝奪，我們會利用「幻想」來填補空虛、滿足部分基本需求和減輕痛苦。我們會發展出幻想連結，藉由想像自己是個「封閉的系統」（在當中，我們既是「父母」也是「孩子」），來撫育或照顧自己。

這個自我撫育系統中的父母角色具有兩種功能：為孩子提供撫慰與支持，以及施以

貶抑和懲罰。我們從很小的時候就會開始利用吸吮拇指、抱著小毯子等自我安撫的行為，來紓解沮喪和痛苦的感覺。這些做法可以發揮部分的效果，進而加強我們的幻想，使我們認為自己可以照顧自己，不需要從外界取得協助。漸漸的，我們發展出更複雜的自我安撫行為，例如咬指甲、自慰、沉迷於看電視和看書。這些習慣終究會使我們上癮，因為它們可以幫助我們控制焦慮或痛苦。

成年以後，我們時常會用食物、酒精或各種藥物更直接的麻痺自己，或者更熱中於某些習慣、儀式和活動，以減少緊張的情緒。**我們小時候在情感層面上受到的剝奪和挫折愈多，就愈會依賴那些削弱我們能力，卻可提供自給自足錯覺的成癮防禦機制。**

案例

被父母訓練爲成癮者的愛德華

愛德華在嬰兒時期是個十分焦躁的寶寶，因此被父母貼上了「神經質、脾氣暴躁」的標籤。儘管他的父母具備兒童發展方面的知識（媽媽是老師，爸爸是心理學家），他們還是會用各種可以立即安撫他的方式來消除他的不安。他的媽媽說：「打從第一天起，愛德華就非常緊張、好動和焦躁，但只要我把安撫奶嘴塞進他的嘴裡，他就會全身放鬆下來，還會大大的吐一口氣。」

愛德華是三個接連出生的兒子當中，最小的一個。在他出生之後，媽媽把心思都放在工作上，疏遠了另一半。她對愛德華的哭鬧感到不悅，而且不想讓他擾亂自己的時間表或例行事務。爸爸在某種程度上隔絕了自己的感受，並且用放縱的態度對待三個孩子，以彌補妻子對孩子們的忽視。

隨著愛德華漸漸長大，他的父母繼續用更複雜的辦法來安撫他的痛苦，包括在他的房間裡裝電視、音響、電玩遊戲，以及在他九歲時買一台電腦送給他。於是愛德華習慣把自己關在房間裡，而且他的父母似乎只要沒有受到他打擾，心情就會很好。愛德華很少跟別的孩子一起玩，也很少參加學校活動，他唯一的興趣是音樂和設計程式。十二歲時，他開始吸食毒品，起初是大麻，然後是古柯鹼，他還會為了買毒品去偷東西。成年之後，愛德華住在家中後院的小客房裡直到二十三歲，然而父母對他的吸毒習慣似乎視而不見。後來，他因為大量吸毒導致能力變差，所以丟了第一份工作。當愛德華最後加入戒毒計畫時，他的媽媽告訴諮商師：「愛德華從出生開始就成癮了。」

很顯然，愛德華的童年環境是導致他成癮的關鍵。首先，他的父母誤認為他的焦躁和頻繁哭鬧是天生性格的一部分，以至於沒有及早解決可能引發痛苦的根本原因——他們只是努力安撫那些打亂自己生活步調的哭鬧行為。其次，愛德華在情感上長期受到剝奪，加上父母對他過度縱容，且漠不關心他的真實需求，因此愛德華養成了透過這些成癮行為來隔絕痛苦的習慣。從某方面來說，他的父母不知不覺把他訓練成了一個「成癮者」。

內在批判，讓成癮行為與負面情緒形成惡性循環

飲食失調、吸毒、酗酒，或者工作到筋疲力盡為止，都是由內在批判驅動自我毀滅傾向的現象。這些直接侵犯身體健康和情緒健康的習慣，往往導致我們應付日常生活的能力變差。

對成癮行為具有控制作用的內在批判，會以兩種互相矛盾的形式出現。首先是慫恿的話語，例如：「你的飲食控制得不錯，只吃一小塊蛋糕不會怎麼樣吧？」「你這個星期很辛苦，應該去喝一杯。」或者：「兒子要參加棒球比賽，所以今天晚上你可以工作到很晚，沒關係。」我們通常也會聽從建議，大吃一頓、盡情喝酒、過度投入於工作。

然後，內在批判會改用非常嚴厲的語氣，狠狠指責我們做出它鼓勵的行為（這也清楚說明它與良知或道德指引不同，因為它使出了兩面手法），例如：「你這個軟弱的混蛋，你說過要好好控制飲食的。你做每件事都是半途而廢。」「你這個討厭鬼，你說過要戒酒的，結果又開始喝了。」「你真是個粗心的爸爸！你已經跟兒子說好，要去看他比賽的！」

在遭受一連串的自我攻擊之後，我們的心情變得更糟，而且感到很痛苦、混亂和煩惱。在這種狀況下，內在批判更容易影響我們，使我們再度依賴成癮行為來麻痺痛苦、

緩解焦慮、擺脫負面情緒，進而形成惡性循環，例如：「你的節食計畫已經破功，如果把剩下的蛋糕也吃掉，應該沒什麼差別吧？」或者：「來吧，再喝一杯。」

這些嚴厲指責的內在聲音會使我們更沮喪，因為它們顯然無法激勵我們朝正面的方向改變。厭惡自己所做的事並批判自己，永遠不會引發行為上的改變。加上掌握了自己的罪證，我們甚至會覺得那些自我攻擊的聲音說得沒錯；然而，這只不過是惡性循環的一部分而已。

此外，這種內在批判似乎會仿效父母用來防衛或麻痺自己的方式。換句話說，如果你的父親經常藉由喝酒紓解壓力，你很可能會採用同樣的做法；或者，如果你的母親會為了擺脫焦慮而暴食，你可能也會不知不覺養成這種習慣。

引誘我們飲食失調、藥物濫用和酗酒的內在批判

內在批判在飲食失調、藥物濫用和酗酒行為中，扮演著重要角色，因為它會先引誘人們放縱自己，然後再嚴厲指責。這種模式不容易破除，因為藉由物質得到緩解的焦慮會在戒斷期間重新湧現。當人們試圖戒掉濫用藥物或酗酒的習慣時，通常會產生強烈的悲傷或憤怒感。

案例

無法擺脫毒癮控制的凱伊

二十五歲的凱伊從十幾歲時就使用毒品。她記得大約在十二歲左右，她開始覺得自己與同年齡的人不一樣、無法融入他們：

「我很容易憤怒，而且在學校會做出挑釁的行為，有時甚至會大發脾氣。後來朋友帶我接觸大麻，我完全迷上了，因為它消除了所有痛苦和憤怒的情緒，而且我在興奮、放鬆的狀態下比較容易與人相處，所以我幾乎完全依賴這個『完美』的方法來擺脫不好的感覺。雖然父母試著叫我戒掉，但沒有一次成功，因為我的毒癮馬上又會重新發作。

「我很懂得壓抑自己的感覺。每當我使用的毒品開始失去效果時，我就會找更強的毒品來代替。接下來的十幾年裡，我一直擺脫不了毒癮，以至於無法建立親密關係或找到穩定的工作。我總是把毒品擺在第一位，每當我覺得自己很失敗、沒有達到父母的期望時，痛苦的感受就會開始出現，這時候我就會用更多的毒品來抑制痛苦。

「有時候我會想要戒毒，但是腦海裡立刻會有聲音叫我再去碰毒品：『你真的需要好好放鬆一下。』『這份工作太無聊、太痛苦了，你需要做點什麼讓自己舒服一點。』在我放縱了自己之後，我會出現這樣的想法：『你簡直無可救藥！』『你總是無法堅持自己做的任何決定。』『你永遠都會是個廢物。』這讓我的心情變得更糟，於是我又會依賴毒品來減輕痛苦。後來，我在一場車禍中受傷，讓我有了開始服用維可汀（Vicodin，一種類鴉片藥物）的完美藉口。等到醫生不再開維可汀給我時，我才發覺我的問題很嚴重。」

於是，凱伊尋求心理治療師的協助，學習如何辨識慫恿她使用毒品的內在批判。心理治療師首先鼓勵凱伊寫下她的個人史，描述小時候經歷過的重要事件、目前的親密關係、個人生活和職涯問題，還有人生的抱負與目標。書寫個人史有助於凱伊全盤了解從過去到現在，可能導致她需要用毒品麻痺自己的情況。

接著，凱伊和心理治療師擬定了一套計畫，藉由逐漸減少毒品使用頻率來對抗她的破壞性想法。現在她要試著違背內在批判的指示，拒絕屈服於那些引誘她的慫恿話語。在實行計畫之前，凱伊已經請教過醫生，認識戒毒可能帶來的副作用。

心理治療師建議凱伊注意那些慫恿她使用毒品的念頭何時出現，並且在日誌裡記下讓她渴望解脫的情況和經驗，以及導致情緒波動或不開心的事件。治療師告訴凱伊，她必須在內在批判出現時辨識它們，但不需要同意或反對那些話語，只需要「意識到」她開始在攻擊自己。

心理治療師也鼓勵凱伊特別留意那些破壞性想法的引誘性，而非屈服於它們的指示，或者把那些貶抑的話語當成對自己的正確評價。她發現，光是承認自己參與了自我攻擊的過程，通常就能有效化解令人煩惱的念頭，並且減輕內在批判對整體情緒造成的影響。

為了鞏固自己的真實想法，凱伊開始採取更符合個人與職涯目標的行動。她努力在工作中展現自信，並且在不依賴毒品時從事自己感興趣的活動。透過與心理治療師合作，她檢視了自己在接受治療之初寫下的個人史，然後專注於實現她所描述的個人與職涯需求、願望和目標。

凱伊在寫日誌的過程中注意到，伴隨戒毒出現的焦慮和痛苦有時會使她的心情沮喪低落。不過，她下定決心要表現得「好像」這些感覺不像實際上那麼痛苦，而且在職場上「好像」具備足夠的能力，而不是軟弱無能。她發現這個策略發揮了作用，因為她的感受漸漸跟上了自己的行為模式。換句話說，在她努力表現得「好像」自己有辦法應付工作之後，她開始感到更有自信、更放鬆。後來，凱伊將這個策略運用到生活中的其他領域，也獲得了相同的成效。

凱伊在戒除長年毒癮的過程中經歷了幾個步驟。首先，她承認自己把濫用處方藥的行為合理化，因為前陣子的車禍，使她相信自己需要服用藥物。這樣的覺察促使她尋求心理治療、學習戰勝內在批判的方法。其次，她開始揭露在維持成癮習慣方面具有決定性作用的內在批判。第三，她採取了各種更具建設性的方式來增強自我意識、應付生活中的痛苦，同時重新承諾要努力追求她在個人史裡描述的願望和目標。

為了麻痺痛苦和煩惱，而不斷重複的強迫性活動

人們為了麻痺痛苦與煩惱，而從事的儀式和活動可說是不計其數。必須強調的是：**許多能暫時減輕焦慮的例行活動或儀式，原本健康或無害；但如果被我們強迫用來逃避負面感覺或紓解緊張和焦慮，最後可能就會成為癮習。**當我們不斷重複進行某種例行活動時，痛苦的感覺通常會變得遲鈍，因為重複性可以為充滿不確定性和無常的生活帶來確定感和恆久感。

任何人從事任何活動只要走到極端的地步，都可能發生上癮或欲罷不能的現象，而且很多活動是人們認為「可以接受」甚至「值得去做」的事，像是：努力工作、鍛鍊身體、上網、購物等等。這類活動具有成癮的可能性，因為它們通常可以獨立完成，而且可以阻隔感覺，使人變得麻木或遲鈍。

當某種行為或儀式變得具有強制性，我們就需要不斷重複進行，以免那些受到壓抑的感覺再度出現。例如，許多兒童和成人會一天到晚黏在電視機前，或者長時間打電玩，以至於忽略了生活中的重要事項，並且減少與家人和朋友互動。

以下節錄的內容，是成年兒女分別描述父親工作成癮的傾向，以及自己受到的影響：

案例

看見父親工作成癮的成年兒女

兒子的日誌

爸爸在很年輕時，就被剝奪了對真實成就感到滿足的能力。他總是不停工作，彷彿爺爺仍然會緊盯著他一樣。每當他替家裡完成了一項木工計畫，他不是欣賞或體會自己的成果，而是繼續進行下一個計畫。

他會在晚上七點左右下班回到家，然後直接走進後院工作，連衣服都沒有換，所以他的褲子的膝蓋處總是很快就磨破了，西裝也被飛濺的油漆弄髒。他會不停忙到深夜，直到鄰居打電話叫他停止鋸木頭或關掉工作燈，好讓他們的孩子可以入睡。他會頂著大雨和烈日工作數小時，完全不受天氣和身體疲勞的影響。他在工作時，好像所有煩惱都會隨著每個計畫完成而消失，但這當然不是真的。

女兒的日誌

我知道，爸爸時時刻刻都在工作的模式確實影響了我。我感覺只有在努力工作時，我才會認為自己沒問題。如果我沒有一天到晚都在工作，就會很害怕。這聽起來似乎不合理，但在我的日常生活中，只要我多花一點時間去愛、去為我的丈夫、孩子和我在乎的人著想，我就會很害怕，然後又退回原本的生活方式，那就是——長時間的工作、把自己弄得筋疲力盡。允許自己擁有一絲情感、花點時間陪伴丈夫和孩子，對我來說雖然比較自在；但是我必須從另一個方向平衡我的生活，這樣一來，我才會覺得自己沒問題、很認真工作、很努力。

四大練習，讓我們擺脫內在批判引發的成癮行為

有幾個練習，可以幫助你辨識哪些內在批判引發成癮行為。要記住的是，鼓勵成癮行為或削弱戒癮決心的內在聲音，聽起來都很正面友善，但它們正在引導你背離自己的目標和優先事項。

先慫恿再批評的內在批判

正如前述案例中（第206頁），凱伊遇到的情況一樣，承認「自己可能正在以有害的方式濫用物質」，是打破成癮習慣的第一步。學會辨識那些鼓勵從事成癮行為的內在聲音，則是戰勝它們的下一步。

練習23

費爾史東評估表❻：與成癮行爲有關的內在批判

這個評估表可以幫助你增強決心、逐漸戒掉會傷害身體和情緒健康的行為。辨識對自己的負面心態，以及聽起來很正面卻在引誘你從事成癮行為的內在聲音，會使你更容易在最終控制那些行為。

請圈選出你經歷下列「正面自我陳述」的頻率。

0＝從不　1＝極少　2＝偶爾　3＝多次　4＝經常

頻率	內在批判
0 1 2 3 4	你需要喝一杯（抽根菸、吞顆藥丸），讓自己輕鬆點。
0 1 2 3 4	你又不照計畫節食了！一點意志力也沒有。
0 1 2 3 4	你今天過得很辛苦，需要消除緊張的情緒。
0 1 2 3 4	你好生氣，用毒品放鬆一下吧。
0 1 2 3 4	看看你給家人製造了這麼多麻煩，都是因為你無法下定決心戒酒（戒毒）。
0 1 2 3 4	再來一塊餅乾（一杯酒、一根菸）應該不會怎麼樣吧？

哈一下（吸毒）沒關係，你有能力控制的。	0	1	2	3	4
你這星期過得很辛苦，需要放鬆一下。來喝一杯（抽根菸）吧。	0	1	2	3	4
你又吸毒了。你簡直無可救藥！	0	1	2	3	4
你的節食計畫已經破功了，乾脆大吃特吃吧。	0	1	2	3	4
你大概是新陳代謝出了問題，所以為什麼還要控制體重呢？	0	1	2	3	4
照照鏡子吧！你這麼胖，你應該把剛才吃的那頓大餐全部吐光。	0	1	2	3	4
靠催吐，你可以輕鬆控制體重。	0	1	2	3	4
他們看得出來你吃了很多東西，而且是隻噁心的豬。	0	1	2	3	4
你打算用這段空閒時間做什麼？你需要靠一些東西來殺時間，讓自己放鬆一下。	0	1	2	3	4
你可以吃任何想吃的東西，然後再全部吐光。	0	1	2	3	4
你吃太多了；你必須把肚子裡那些食物清掉。	0	1	2	3	4
你肥得跟豬一樣！	0	1	2	3	4
你什麼東西都不應該吃。	0	1	2	3	4

0 1 2 3 4	如果你想要讓心情變好，就不要吃東西。
0 1 2 3 4	人們希望你變胖。
0 1 2 3 4	食物是你最大的敵人。
0 1 2 3 4	就算只咬一口，你也會胖。

伴隨成癮行為，出現的誘惑及指責聲音

要戰勝成癮行為，你必須察覺自己在何時最容易沉迷其中，並且在當下，將注意力轉到拒絕屈從誘惑時，出現的焦慮、憤怒或悲傷感覺上。比方說，如果你決定戒菸，當你出現很想抽菸的念頭和感受時，可以在日誌上記錄下來。要是你拒絕向菸癮投降，你的內在批判會怎麼說？你有什麼感覺？**在面對強烈誘惑時記錄自己的情緒反應，可以幫助你維持戒癮的決心。**只要繼續克制自己，那些負面念頭終究會退去，不再具有操控行為的力量。

練習 24

擺脫成癮的內在批判，看見你的感受與真實的自我

請在本練習的最右欄裡，先記下引誘的聲音，再寫下指責的聲音。接著在中間欄裡，記下這些內在聲音引發的感受。最後，在最左欄裡寫下你的真實想法（請由右欄寫至左欄；如有需要，請自行增加紙張）。

我的真實想法 ⬅	這些念頭引發的感覺 ⬅	我的內在批判
		引誘的聲音，例如：「你需要抽根菸，讓自己輕鬆點。」
		指責的聲音，例如：「你又吸菸了。你真是無可救藥。」

辨識觸發事件

許多康復中的成癮者發現，辨識「觸發成癮行為」的事件（也就是增強成癮衝動的特定環境因素），是戒癮的一大關鍵。例如，吸毒者往往會在有其他吸毒者作伴或者一個人獨處而感到孤單時，受到毒品吸引。由於負面念頭通常會在這種時刻浮現，因此你需要回想日常生活中，有哪些事件或情況最容易引誘你使用毒品。

練習 25

辨識「觸發成癮行爲」的事件

本練習可以幫助你辨識「引誘你沉迷於成癮行為」的事件。請在最右欄裡寫下會觸發成癮行為的情況、社交互動或經歷。接著在中間欄裡，記下你的內在批判在這些時刻所說的話。最後，在最左欄裡寫下你的真實想法（請由右欄寫至左欄；如有需要，請自行增加紙張）。

我的真實想法 ⬅	我的內在批判 ⬅	觸發事件或狀況

鞏固真實的自我

正如內在批判隱藏了真實的自我，或者套句費爾史東博士的話：「掩蓋了人格。」成癮行為也掩蓋並阻隔了真實的感覺。當我們捨棄受到內在批判支配的行為，真實的自我（也就是人格的核心）就會漸漸展現出來，然後凌駕我們的內在敵人。前面曾經提到，真實的自我是由我們的需求、欲望和個人目標所組成，因此戒除成癮行為並重拾多年以來受到壓抑的感覺，會使我們重新意識到自己的需求和欲望，也就是組成自我特質的重要部分。

然而，許多人深信自己無法面對童年時期受到壓抑的痛苦，以至於不願戒除掩蓋真實感覺的「自我安撫行為」。有時候，靠食物、毒品或例行活動來滿足自己似乎比較容易，畢竟再度經歷小時候「需求得不到滿足時產生的強烈渴望」，可能會使我們覺得自己和「完全依賴父母維持生命的時期」一樣脆弱無助，這是每個戒癮者在經歷長期壓抑的情緒時，幾乎都有的感覺。除非我們在成年生活中有過「誠實面對挫折」的經驗，否則永遠無法了解眼前的情況與童年時期不同。我們需要認識到，在情緒層面上，已經不會再受到如同小時候那種程度的傷害了。

為了理解導致你「害怕在個人生活與親密關係中追求目標」的原因，有用的做法是可以像前述的凱伊那樣，寫下自己的個人史，也就是：

(1)描述你認為在童年時期，什麼事件可能導致你求助於自我安撫機制。

(2)描述你喜歡從事的活動、你的特殊興趣，以及你的需求和渴望。

寫下自己的個人史可以帶來許多好處。第一，描述童年時期遭到剝奪的痛苦經驗，可以讓你更清楚知道，自己為何不得不壓抑真實的感覺，以及為何不得不學會利用幻想和成癮行為來應付生活。第二，個人史可以幫助你明確區分過去與現在之間的不同。如此一來，你就不會再認為「若必須再度面對人生早期的痛苦渴望和遭到拒絕的感受，你將無法活下去」。一般來說，認識到現在與過去的生活有所不同，可以幫助你克服恐懼，然後再次冒險，在真實的目標與真實的關係中尋求滿足。第三，你在個人史裡寫下的內容，會讓你更清楚自己的需求、優先事項和目標。具備這種覺察相當重要，因為你正在揭露自己對親密關係和個人生活的獨特觀點，並且朝著既定目標前進。漸漸的，這些步驟就會增強你的真實自我，同時削弱內在批判的力量。

學著追求人生目標

戒除癮習的過程中，你必須學著追求在成年生活中想要達成的目標。其中一個方法，是針對你想在職涯及親密關係中做到的事設立明確目標（如同練習11和19所述）。

首先，請將你的人生目標記錄在日誌中，並寫下為了實現目標而需要採取的行動；然後，每次參與對你來說很特別的活動、計畫或人際互動時，做紀錄。剛開始，你可能不太想進行新的計畫或活動。但是你可以選擇讓自己表現得「好像」充滿自信與活力，就像本章案例裡的凱伊所做的那樣。你將會發覺你的感覺最後會跟上你的行為。

當你朝著實現目標的方向前進時，你將會認識到，成年時期的需求與童年時期的需求截然不同。當你戒除成癮行為或自我安撫的習慣時，你會發現自己雖然永遠無法得到小時候迫切需要的愛或滿足感，但這些需求對成年之後的生存或福祉已經不再重要。

練習 26

追求你想要達成的目標

請在本練習的最右欄裡，列出對你來說特別重要的需求、目標和興趣。接著在中間欄裡，列出任何可能阻止你達成目標的內在批判。最後，在最左欄裡針對你的需求寫下真實的想法（請由右欄寫至左欄）。

我的真實想法 ⬅	我的內在批判 ⬅	我的需求和欲望

學會活在不斷開拓生活經驗的世界裡，而不是一再重溫過去

戒斷多年來已經融入生活的破壞性行為時，你可能會感到迷惘，並且再度遭到內在批判攻擊。如果你決定熬過這些焦慮時刻以及暫時增強的自我批判，這些反應將會逐漸消退。當你戒除毒癮、酒癮或其他癮習，你將會發現自己有更多心力投入親密關係中。

生活在基本上容易成癮的社會裡，我們從小習得的防禦機制，會在負面的社會壓力下持續增強，促使我們尋求自我安撫和立即的滿足。自我安撫似乎是我們社會所接受的一種生活方式。今天，許多在童年時期受過剝奪的人繼續從毒品、酒精、菸草、電視、電玩、過度工作和其他活動中得到替代性滿足，而不是真實的體驗自己的人生。

大多數人在某種程度上都受到成癮行為的危害，使生活完全受到干擾。如果我們坦然面對「導致我們藉由濫用物質和例行活動麻痺自己的那些痛苦和挫折」，就能戰勝成癮行為。

戒除癮習或某個具有強迫性的活動，意味著你會冒著風險，在尚未確定是否安全的情況下脫掉防護罩。**如果你願意抓住機會、熬過在卸下心防時產生的焦慮和恐懼，你就會發現自己過著有尊嚴和敏銳度的生活，同時更能有效應付日常生活中的壓力。**

勇敢戒除成癮行為或減輕緊張情緒的例行活動，會讓我們重拾在人生早期受到壓抑

的感覺。只要突破自己的防護罩、接觸到充滿活力的真實自我與悲傷，我們就能活在不斷開拓生活經驗的世界裡，而不是一再重溫過去。

如果你依賴毒品、酒精或其他物質來緩解痛苦和焦慮，那麼尋求專業協助，或者加入專門為了幫助物質濫用者戒癮而成立的團體，可能會發揮重要的作用。

Chapter 7

憂鬱與內在批判的痛苦循環

「我很疲倦，但睡不著。我平躺著，感覺神經受到痛苦與內在呻吟的折磨：『喔，你教不了書，什麼事都做不了，寫不出東西、無法思考……』我有個美好的自我，它喜歡天空、山丘、點子、美味的餐點、鮮豔的色彩。我的惡魔要求這個自我成為完美的典範，而且說如果做不到，就應該逃跑，而這一切都在謀殺這個自我。」

——雪維亞．普拉絲（Sylvia Plath）*

在美國，每五人大約就有一人罹患憂鬱症。當人們變得憂鬱時，情緒和感覺都會受到干擾，而且會用扭曲的角度看待自己、他人和這個世界。重度憂鬱症患者往往會持續

* 編注：美國兒童作家與天才詩人、小說家，其詩作以自白風格著稱。

不斷的感到悲傷焦慮、煩躁不安，並且對自己曾經喜歡從事的活動失去興趣或喜悅感。

憂鬱症有輕度、中度到重度之分；我們可以把它想成存在於一道光譜上，而這道光譜呈現的，是憂鬱症患者「實際相信或接受那些扭曲自我、他人與世界的內在批判」之程度。

憂鬱症也與內在批判出現的頻率和強度直接相關。中度到重度憂鬱症患者已經進入「由負面觀點主導人格」的失衡階段。無論出於什麼原因，不管是難以抵擋的挫敗感、深沉的失落感，甚至是超出承受能力的正面事件，他們都傾向反對而不是支持自己。他們抱持受到扭曲的信念，而且認為這些信念代表了事實，儘管在他人看來並不正確或極不可能。換句話說，**重度憂鬱者已經相信內在批判對自己和他人所做的負面陳述。**

第十四世達賴喇嘛在《轉化心境》（*Transforming the Mind*）一書中，探討了內在批判如何導致心情沮喪：

「為什麼我們沒有成功享受到我們追尋的長久幸福？為什麼我們經常面臨痛苦和苦難？……由於我們缺少『調伏』〔念頭和情緒〕所需要的心靈修練……它們控制了我們。而且即使輪替過來，念頭和情緒也往往受制於我們的負面衝動，而不是正面衝動。我們需要逆轉這種循環，讓念頭和情緒不再成為負面衝動的附庸，這樣我們就能控制自己的心靈。」

本章提供的建議可以幫助你擺脫負面衝動，也就是由內在批判引發心情低落或沮喪的想法和感受。重要的是，你必須認識到：內在批判就像你一樣具有智慧和知識，而且會利用它們達成目的，也就是「破壞你對自己和人生的正面感受」。

這並不代表人生中沒有令人難過、憤怒、悲傷或焦慮的情況和事件。我們在一生中確實會經歷無數令人悲傷、難過和焦慮的事件：親人或好友離世；失去工作或收入；工作難以適應；被好友、戀人或伴侶排拒；身體患有疾病或失能。事實上，光是透過新聞報導看到每天發生在世界各地的悲慘事件，就足以讓我們憤世嫉俗、幻滅和暫時陷入沮喪。儘管這些事件和生活中的其他難題經常令人感到心煩氣餒，然而它們帶來的立即性或持續性影響，其實都取決於我們自己的想法。

如同第一章所強調，內在批判存在於我們的思想中，如果我們持續聽從並相信它們，人生觀就會大受影響，包括「懷疑自己的人生價值」。負面事件會觸發負面思考螺旋，使我們跟自己作對，並產生深深折磨憂鬱者的痛苦情緒。然而，我們對那些事件的反應或解釋方式，才是負面思考螺旋的源頭。**相較於事件本身，我們用何種方式向自己解釋這些事件，才是影響情緒的更大關鍵。**

看不見盡頭的憂鬱狀態

你可能有過一時沮喪或氣餒的短暫憂鬱情緒，幾乎每個人都會偶爾經歷這種心情。或者，你的憂鬱症狀比較嚴重，在心理層面上相當痛苦，而且持續的時間比較久。如果是輕微的憂鬱，你可以看到隧道盡頭的亮光，並且知道自己的心情遲早會好起來，但比較嚴重的憂鬱狀態會使你無法分辨隧道的盡頭在哪裡（或相信它的存在），更不用說看到亮光了，你可能需要尋求專業協助才能改善情緒。要了解憂鬱症，就必須明白「內在批判可能會用哪些導致心情低落的方式，來解釋生活中的負面事件」。

你是不是開始覺得每件事都是你的錯？

你是否注意到，每當你產生一個負面想法，幾乎都會引來更多的負面想法？**隨著負面事件接連出現的負面想法可以自我驅動，所以如果不挑戰它們，那些念頭、抨擊和憂慮就會漸漸增強和擴大，變成揮之不去的內在批判**，導致你覺得生活裡幾乎每件事都很糟糕。人們經常把針對某個特定情況的負面想法擴大到許多其他情況，最後對自己的整體看法感到憂愁沮喪。

為了辨識生活中可能引發負面想法的重要事件，請先回想一下讓你心情最糟的時刻和事件，也許是某人的拒絕、某個舉動，或是任何對你來說具有重大意義的事，包括失去心愛的人。你還記得那件事發生時，腦海中出現什麼念頭嗎？關於那件事，你是怎麼對自己說的？它對你和你的生活帶來什麼意義？你還記得當時的感受嗎？你傷心難過的情況持續了多久？然後試著判斷你是否把針對那件事的負面想法，擴大到生活的其他層面，例如：你是否覺得那件事之所以發生，從某方面來說是你的錯？在那之後，你是否開始覺得幾乎每件事都是自己的錯？

練習 27

看見引發憂鬱情緒的生活事件

思考了上述那些問題和答案之後，你可能會發現本練習很有幫助，因為你可以藉此了解：你解釋該事件的方式，如何增強了自己的想法和核心信念。

在你的腦海中，有沒有其他事件和那件事牽連在一起？那件事和你的反應是否構成了你至今依然抱持的整體信念？

在本練習中，**請先回想你人生中最低潮的時刻，然後在最右欄裡，描述當時令你沮喪的事件或情況。接下來，試著回想你在事件發生時或發生後經歷的任何內在批判，並記錄在中間欄裡。最後，在最左欄裡寫下你現在對那件事所做的真實評估。**你是否看出一種模式，那就是：你生活中的類似事件，會引發這些內在批判？你現在可以對觸發事件和你在事件中的角色，進行真實的評估嗎？如果不行，你可能仍然相信內在批判的觀點、可能正處於憂鬱狀態。

首欄是一位叫做阿琳的女子，在日誌中所寫的部分內容範例。看完後，請在空白欄位試著寫下你自己的經歷（請由右欄寫至左欄）：

觸發事件
寫下當時令你沮喪的事件，例如：「母親在我十二歲時因久病離世。在她生病期間，我一直幫忙照顧她。她被抬上救護車送醫時，囑咐我的最後一件事是照顧當時九歲的弟弟。」

此刻，我對這件事的真實想法 ⬅	事件發生時，我經歷的內在批判 ⬅
寫下此刻對該事件的真實想法：「媽媽的死當然不是我的錯。這個想法太荒謬了！而且當時我才十二歲，要我一肩扛起照顧弟弟的責任也是不切實際的想法。」	寫下事件發生時引發的內在批判，例如：「媽媽的死都是你的錯。你沒有好好照顧她，所以你憑什麼認為你照顧得了弟弟？他不會聽你的話、不會服從你的。你絕對會辜負媽媽最後的期望。」

體會悲傷，反而讓我們的內心更強大

在練習27，我們可以看到阿琳的內在批判喚起了她內心強烈的感受。那些自我攻擊想法干擾了正常的悲傷過程，使她產生未解決的失落感，並且在她成年之後帶來重大的影響。

除了辨識由悲傷事件或痛苦情況引發的內在批判，我們也必須意識到它們喚起的感受，也就是：我們在事件當中對自己產生的負面看法。很顯然，像阿琳在童年時期遭遇的那種失去經驗，會使人感到悲傷、憤怒和恐懼。然而，當這些與生俱來的感覺被內在批判引發的情緒給汙染時，就會引發憂鬱。因此，區分「悲傷」和「憂鬱」這兩種情緒是很重要的。

許多人把經歷悲傷情緒的狀態誤認為是憂鬱症，但兩者有著明顯的差別。經歷悲傷的情緒往往會讓我們與自己保持連結、讓我們感覺更完整。另一方面，如果我們情緒低落或沮喪，可能會感到有種由未解決的悲傷、內疚和憤怒混合的感受，導致我們轉而反對自己。許多人對體驗深深的悲傷感到猶豫不決。如果預料到會感到悲傷，我們可能會緊張、害怕自己會變得沮喪；**然而實際上，體驗悲傷的感覺往往會帶來解脫，讓我們感到自己的內心更統一和強大。**

看看憂鬱症患者的內心感受

美國新聞主播凱西・克朗凱（Kathy Cronkite）所寫的《在黑暗邊緣：關於征服憂鬱症的對話》（*On the Edge of Darkness: Conversations about Conquering Depression*，無繁體中文譯本）一書中，多位名人突破了憂鬱症的恥辱烙印，透露他們在陷入沮喪時的感受，以及在最絕望的時刻，內在批判如何扭曲他們的想法並進行惡毒的攻擊。曾經多次發作憂鬱症的演員洛・史泰格（Rod Steiger）寫道：

「當你憂鬱時，腦子就像被這個委員會給接管，導致你陷入一個又一個憂鬱念頭裡。你不刮鬍子、不洗澡、不刷牙，因為你不在乎……這種憂鬱狀態有一部分像是在自我懲罰。你的自我感、自我欣賞、自尊感，全都消失了。你的腦子絕不是一片空白，而是會用許多念頭砸死你，永不停歇。

「〔你的朋友說：〕『你太太愛你，你孩子愛你，我們很擔心你。』

「『他們不懂，』沉溺於自憐的疲憊聲音說，『他們不懂。』」

凱西・克朗凱則是這樣描述她的憂鬱感：

「我透過灰暗的眼鏡看世界——我的家就像個廢墟、我的孩子是怪獸、我的婚姻陷入困境、我的身材臃腫、我的衣服很醜，我的工作毫無價值等等。我對自己說了無數次：『我受不了，我受不了這種感覺。』」

一位不願透露真實姓名的女作家這樣說：

「沒有經歷過憂鬱症的人，無法想像這種絕望感。沒有什麼可以讓你的心情變好，完全沒有。生活中那些很尋常的事——電影、美食、同伴、出門散步、美麗的畫——只會讓你感覺更糟，因為它們會凸顯你和現實世界有多麼疏遠，多麼難以加入眼前的盛宴，電影《歡樂梅姑》（*Auntie Mame*）裡有句台詞說得很好：『人生是一場盛宴，大多數人卻總是餓著肚子。』我一直以來都會引用這句話。」

邁克・華萊士（Mike Wallace，美國新聞節目《六十分鐘》主持人）在遭到魏摩蘭將軍（General Westmoreland，美國陸軍上將）控告時，陷入了憂鬱狀態。他記得那時的感覺是：

「前三個月是原告替自己辯護的時候。我每天都會在報紙上看到他們說我『騙人、說謊、狡詐』等等。過一陣子之後，我也開始有那種感覺，而且突然間告訴自己：『嗯，對，他們說得沒錯。』我仍然不知道這是什麼情況，我以為自己只是心情不好。我記得我們常常去餐廳，然後我會想：『每個人都在指著我，說我騙人、狡詐、偽君子。』你真的會相信那些話！太驚人了！」

在練習27中，你描述了人生最低潮的時刻，還記得那些感受嗎？你的負面想法喚起了哪些情緒？哪些想法導致你愈來愈沮喪？它們是怎麼說的？那些想法是否導致你做出某些行為？這些行為是否增強了你對自己和世界的負面看法？你是否記得你曾經在什麼時候跟自己作對，而且開始用非常負面且不正確的心態看待自己和他人？你曾經做過哪些讓負面看法變得更真實的行為？

練習 28

探索你的憂鬱情緒

為了完成探索人生創傷或痛苦事件的第二步，請先回顧你在練習27中間欄裡記錄的負面想法，然後在本練習的右欄，寫下你在觸發事件發生後覺得最強烈或對心情影響最大的內在批判。接著，在左欄寫下你回憶這些想法時經歷到的情緒。

我們先看看首欄阿琳的日誌內容範例，接著在空白處寫下你自己的情況（請由右欄寫至左欄）：

我的真實感受 ⬅	引發憂鬱情緒的內在批判
我感到非常內疚。我也很慚愧，其實是很痛恨自己對媽媽的死感到如釋重負，因為我不必再照顧她了。我覺得自己必須遮遮掩掩的，好像犯了重罪一樣。我怕被別人發現，然後遭到懲罰。	「她的死都是你的錯。」
我感到很不安，覺得自己沒有能力照顧他。但是我也很生氣和怨恨，為什麼我要把所有時間都用來照顧弟弟，沒辦法過我自己的人生？	「你憑什麼以為你照顧得了弟弟？」

內在批判如何從自我批評，逐漸演變為想要傷害身體

費爾史東博士曾經根據大規模臨床研究指出：負面思考在強度光譜上會從「溫和的自我批評」逐漸演變到「惡意的自我譴責」，再到「引發傷害身體行為的想法」。同樣的，自我挫敗的破壞性行為也存在於一道平行的光譜上，並從「自我否定」逐漸演變到「藥物濫用和其他自我毀滅行為」，且在某些情況下甚至以自殺作結。

內在批判依出現的頻率、內容以及引發憤怒的程度而有所不同。影響我們做出自我挫敗和自我毀滅行為的負面思考，主要分為以下三個層次：

第一個層次是自我批判想法，也就是第二章所說造成低自尊的負面思想。這個層次的內在批判，可能會使人做出一些增強負面自我意象的行為，例如：限制愉快的體驗、避免投入親密關係中，或者自我孤立。他們也可能時常從猜疑與敵對的角度看待他人，以至於在情感上傷害對方。

我們之所以經歷到這個層次的批判想法，似乎是因為「內化了父母對我們產生的負面態度，以及不合理或不符合我們年齡的期待」。例如，有一位參加教養課程的母親認為，六個月大的寶寶會為了故意惹毛她而哭鬧，但事實上，嬰兒缺乏做出刻意行為所需的預知能力。當父母抱持這樣的信念，往往就會對孩子生氣，產生不符合孩子年齡的期

待，以及對孩子的能力做出錯誤的假設，比如說出：「你已經長大了，不准哭。你真的很麻煩！」這類的話。孩子在內化這些不切實際的期待和批判態度以後，就會形成自我批判的想法和心態。

第二個層次的內在批判，會助長自我安撫行為——也就是為了麻痺自己的感覺而採取的行動，包括成癮行為（例如：暴食或貪食、厭食、酗酒、吸毒、沉迷於看電視、強迫性的運動），或其他可以緩解緊張和痛苦情緒的例行活動。正如先前提到的，這些行為通常模仿了父母用來防衛或麻痺自己的方式。

第三個層次的內在批判，則涉及引發絕望感和自我疏離感的想法，例如：「你是家人的負擔。沒有你，他們會過得更好。」或者：「一切都不重要了，你乾脆放棄吧。」它們也包含慫恿人們做出極度冒險與自殘行為的想法。這些破壞性想法可能會使人不在乎或傷害自己的身體，甚至在某些極端情況下慫恿人們計畫自殺細節，或者實際做出自殺的行為。

這些負面想法具有嚴重的自我毀滅性，而且似乎源自父母明示或暗示下所做的批判攻擊。處於這個負面思考層次的人，已經認同了施予懲罰的父母，而且對自己感到憤怒。如同第一章所說，**孩子在面臨特別強大的壓力時會認同施予懲罰的父母，並且內化父母當時經歷的敵對心態和憤怒感。等到長大成人後，他們往往會藉由自我毀滅的想法**

對自己發洩怒氣，而且可能引發實際的自我傷害。

要了解我們為何會放棄自我認同並接受父母的觀點，我們必須認識到，孩子對負面事件，會產生比正面事件還要深刻的「記憶痕跡」（也就是較為持久的記憶），這似乎是人類天生的傾向。

舉例來說，有個父親帶三個孩子去露營兩個星期，他向朋友描述這趟旅行時，講到了和孩子們做的各種有趣活動，包括圍著營火唱歌和說故事、和兒子一起健行和釣魚等等，充滿了美好的回憶。相反的，十歲兒子印象最深的卻是某個晚上在營地裡被父親大聲斥責，這段經歷帶給他的記憶，比父親對任何有趣活動的記憶還要鮮明。

練習29

看見你的自我毀滅想法以及其如何演變

本練習的目的，在於幫助你辨識各個層次的內在批判。**請在上半部把你的內在批判分成三個層次寫出來。**針對第一個層次，你可以參考練習6裡的內容，例如：「你難道連一件事都做不好嗎？」「你真的很沒用。」或者：「你真的很醜。」關於第二個層次，你可以參考**練習23**裡的內容，例如：「你需要抽根菸，讓自己輕鬆點。」或隨後出現的想法：「你這個混蛋，你總是半途而廢！」至於第三個層次，請試著辨識具有嚴重自我毀滅性的內在批判，例如：「那有什麼用？一切都不重要了。」或者：「離你的朋友遠一點，你帶給他們的感覺很糟。」**最後，在下半部寫下你根據上半部這些想法做出的任何行為，包括導致你孤立自己、強迫安撫自己、傷害自己身體或冒險的行為。**

內在批判

＊第一個層次（寫出引發低自尊和自我挫敗行為的想法）：

我所做的行為

＊第二個層次（寫出助長成癮模式的想法）：

＊第三個層次（寫出引發嚴重自我毀滅行為的想法）：

內在批判如何影響你抑制快樂和幸福

許多內在批判會慫恿人們放棄自己特別喜歡的興趣和活動。這種傾向在人生早期就會深植於心理防禦機制中，並可能導致人們貿然對自己的生活經驗設限——儘管那些生活經驗通常可以帶來極大的快樂和滿足。

我們的社會往往認同「自我否定的行為」，而且不少人都從年齡的角度去看待各種角色與活動，以至於助長了「壓抑自我滿足經驗的現象」。負面想法與自我否定模式之間有著直接關係，許多人在年紀漸長之後，逐漸脫離活躍的生活模式，比如愈來愈少參加體育活動、對性愛不感興趣、與老朋友失去聯絡等等。他們可能會告訴自己：「你瘋了，都這把年紀了還參加體育活動，別人一定以為你只是在裝年輕。」或者：「你聽過有人在你這個年紀談戀愛的嗎？」或者：「為什麼要花那個功夫計畫蓋新家？等它蓋好，你可能已經享受不到了。」

雖然自我否定的行為模式不限於四十歲以上的人，但社會態度甚至許多制度，都支持一種看法，那就是：年紀大的人就應該放棄各種多采多姿的活動。

看見你的負面想法和自我批判，才能戰勝憂鬱

對付憂鬱症最有效的武器，就是先意識到「引發憂鬱感的負面想法和自我批判心態」。如果我們在生活小事上習慣聽從內在批判，將變得更容易受其影響而做出危險的自我毀滅行為。屈從於內在批判的指示並放棄自己的觀點，會賦予它更多力量。我們愈是沉溺於自我批判，並做出助長這種信念的行為，它就愈牢不可破。

設想一下這個情景：你最近意識到自己漸漸放棄了以前很感興趣的活動，不再那麼關心生活和信任別人。你想起你在某個時候（幾星期、幾個月或幾年前）開始調整自己的行為，因為有個內在聲音告訴你：「為什麼要跟朋友出去？為什麼不自己一個人待在家裡看電視？這樣比較輕鬆。」現在，你發現自己產生了絕望的想法，像是：「反正這樣有差嗎？一切都不重要了。你的生活那麼空虛，又沒什麼朋友，所以就算你不在了，誰會在乎呢？」

你可以看到，在事情走向極端之前及早辨識內在批判有多麼重要。同樣重要的是質疑你經常對自己抱持的任何扭曲信念。最後，一旦你辨識到本章描述的感覺和想法，就需要採取必要的行動，從憂鬱的情緒中走出來。

哪些內在批判會引發自我否定和自我放棄

在你限制愉快或有意義的經驗時，「辨識自己的內在批判」是戰勝這個虛偽敵人很重要的一步。**你需要注意任何表面友善，卻會引發自我否定模式的內在聲音，因為它們可能會導致你放棄真正重要的事。**

練習30

費爾史東評估表⑦：找出自我否定的內在批判

本練習可以幫助你揭露這些自我否定的想法，並且有意識的掌控它們。

請圈選出你經歷下列內在批判的頻率。

0＝從不　1＝極少　2＝偶爾　3＝多次　4＝經常

頻率	內在批判
0 1 2 3 4	如果你不參加這趟旅行，就可以省下一筆錢。

出去吃晚餐太麻煩了，待在家裡就好。	0 1 2 3 4
你沒有資格感到快樂，你是個討厭鬼！	0 1 2 3 4
打棒球、踢足球或跳舞（或任何活動）有什麼好玩的？你應該放鬆就好，不要往外跑。	0 1 2 3 4
你還有那麼多工作要做，根本沒辦法休假。	0 1 2 3 4
「性愛」總是帶來麻煩，你乾脆放棄算了。	0 1 2 3 4
何必花心思去約會？如果不約會，就有更多時間念書了。	0 1 2 3 4
看看你的朋友，真的很幼稚。他們自以為玩得很開心，但其實只是讓自己出糗而已。別像他們一樣！	0 1 2 3 4
這個世界有那麼多苦難，你不該出去玩樂。	0 1 2 3 4
你太老了，不適合談戀愛。	0 1 2 3 4
什麼叫做在親密關係中感受激情？你應該冷靜下來。	0 1 2 3 4
一切都不重要了。	0 1 2 3 4
何必花那個功夫去嘗試？	0 1 2 3 4

沒有什麼事是有趣的。	0 1 2 3 4
何必要交朋友呢？	0 1 2 3 4
這一切到底有什麼用？	0 1 2 3 4
沒有人在乎你的工作，所以何必努力呢？反正一切都不重要。	0 1 2 3 4

練習 31

看見荒謬的內在批判、學會爲自己辯解

請在本練習的右欄，寫下慫恿你否定自己，或者為你放棄興趣的行為找藉口的任何想法（包括看似正面的想法以及負面想法）。接著，在左欄寫下對抗這些自我否定想法的句子。當你實際寫下那些限制自己體驗幸福和快樂的藉口，你可能會驚覺到它們有多麼荒謬。例如，你的自我否定藉口和理性反應，可能會像表格中所寫的例子。看完前幾欄的範例後，請在空白處寫下你自己的內在批判與真實想法：

我的真實想法 ⬅	內在批判
今天晚上我可以工作得晚一點，然後明天休息一下。工作不是人生的全部！我真的需要一點時間讓自己放鬆。	「你還有那麼多工作要做，根本沒辦法休假。」
這個想法太蠢了！我當然有資格。每個人都應該有機會玩樂和享受生活。	「你沒資格玩樂。」
戀愛是不分年齡的。	「你太老了，不適合談戀愛。」
我不想放棄。我真的很在乎我的人生。	「已經沒什麼用了，你乾脆放棄算了。」

內在批判，會導致我們自我孤立

當人們逐漸遠離親朋好友、尋求獨處或單獨從事的活動時，會更容易阻絕自己的感受，甚至會陷入強迫性的反芻思考和內在批判——覺得自己很糟糕，變得更加孤立。

許多人會聽從內在批判的意見，認為獨處是有必要的。這種想法很難反駁，因為它似乎很合理。當然，**我們需要某種程度的獨處來從事創造性或者需要全神貫注的工作，但是長時間的社交孤立可能會損害心理健康**。

舉例來說，有一位曾經自殺未遂的女性提到，她在做出自我毀滅的行為之前聽見內在聲音告訴她：「你從來沒有時間做自己想做的事，你需要一些時間獨處，這樣才能夠思考。」然而一旦獨處之後，她就會開始計畫自殺的細節。在回想這件事的過程中，她發現當她跟朋友在一起時，並不會產生自殺的念頭，但內在批判會強迫她尋求獨處，使她受到自我攻擊想法和自殺衝動的惡意擺布。

有時候你可能需要獨處，但如果你發現自己會花很長時間獨自反芻自我批判，或者憂慮你幾乎無法掌控的事，那麼對你來說，自我孤立可能是個自我毀滅的選擇。

練習 32

費爾史東評估表❽：找出導致自我孤立的內在批判

本練習可以幫助你更了解那些慫恿你自我孤立的內在批判。

請圈選出你經歷下列內在批判的頻率。

0＝從不　1＝極少　2＝偶爾　3＝多次　4＝經常

頻率	內在批判
0 1 2 3 4	自己一個人安靜看書或看電視，沒有人打擾，這樣不是很好嗎？
0 1 2 3 4	工作壓力這麼大，你需要讓自己靜一靜。
0 1 2 3 4	為什麼要跟朋友出去？輕輕鬆鬆的待在家就好。
0 1 2 3 4	你需要獨處，這樣才能思考。
0 1 2 3 4	整天跟別人在一起真的很煩。
0 1 2 3 4	獨處是你放鬆的唯一方法。
0 1 2 3 4	你需要給自己更多空間和時間。

這些人跟你不同掛，為什麼還要跟他們在一起？	0 1 2 3 4
參加那個派對實在太麻煩了，還要打扮得很體面。你為什麼不乾脆待在家裡？	0 1 2 3 4
跟你在一起很無聊。你應該自己一個人就好。	0 1 2 3 4

練習 33

辨別導致自我孤立的內在批判、學會看見眞實的想法

本練習可以幫助你辨識鼓勵你疏遠他人的內在批判。

請在右欄記錄慫恿你自我孤立及長時間獨處的負面想法，然後在左欄寫下你的真實想法。

我的真實想法 ⬅	內在批判

為何聽從內在批判，會使人更憂鬱

從慫恿我們放棄最喜愛的活動，到惡意攻擊簡單的欲望和需求，內在批判常以不同強度的形式存在。許多人習慣聽從內在批判而不加以質疑，因此通常無法意識到這些內在攻擊對人生帶來的深遠影響，或是看出光譜另一端的破壞性想法很容易動搖他們的意志。如果我們多年來聽從這些聲音而變得氣餒，突然間驚覺自己的生活很空虛，就會經歷第二章所說的「存在性內疚」。這種內疚會透過「由內在批判驅動的自我譴責」表現出來，然後形成一個絕望與無助的循環，引發更嚴重的自我毀滅行為。

當內在批判愈來愈強烈和不友善，人們就會開始對自己感到憤怒，並且迫切希望擺脫這些憤怒帶來的焦慮和痛苦。他們可能會告訴自己：「你這個人渣！你這個魯蛇！你一點價值也沒有！你不配得到任何東西！」不僅如此，當人們接受內在批判的觀點時，他們對自己的看法就不再正確。換句話說，他們無法區分真實且友善的自我觀感，以及負面且具有破壞性的自我觀感。因此，**貿然接受我們對自己產生的負面核心信念而不去質疑它們，其實相當危險。**

在遭遇嚴重的失落、挫折或其他不愉快的情況時，我們可能還沒意識到自己以誇大的負面心態看待事情，就會先把自己孤立起來，而且我們對痛苦情況產生的反應，會是

「迅速陷入負面的思想與行為中」。這時，我們會開始經歷重度憂鬱者所描述的一些情緒——儘管我們幾乎不知道自己是如何陷入低潮的。諷刺的是，內在批判最容易在我們因失落而感到痛苦時興風作浪，因為它可以利用這些痛苦感受來達成目的。內在批判可能會誇大我們的缺點、過錯以及帶來的麻煩，並且使我們逐漸相信它的觀點，認為「這就是我」。

如同前面提到的，憂鬱症患者會進入把內在批判當成自我觀點的階段。在嚴重的憂鬱狀態下，我們會聽從內在批判的指示，過著十分沮喪的生活，而且不再時而從自己的觀點看待人生、時而從內在敵人的觀點看待人生。換句話說，我們會更傾向與自己作對，而不是支持自己，甚至會完全相信內在批判告訴我們的話。於是，我們與真實的自我失去聯繫，而且會無可救藥的疏遠最親近我們的人。

內在批判表面上似乎很合理，但實際上具有欺騙性。它可能在惡性循環之下對我們使出另一種伎倆，那就是讓我們相信：如果沒有我們，家人和朋友會過得更好。它的攻擊性話語會像這樣：「你給家人帶來了那麼多麻煩，他們一定很高興可以永遠擺脫你。」這種信念可能會深植於我們的思想中，但是它絕不是真的。家庭成員對親人的死去絕不會感到好過，而且如果死於自殺，他們會更痛苦。

三大練習，克服你的憂鬱情緒

以下做法，可以幫助你對抗引發憂鬱情緒的想法：

（1）在自我毀滅模式開始形成時，辨識並質疑你經歷到的負面想法和信念。

（2）找比較樂觀的好友聊一聊。如果找同樣對人生感到沮喪或抱持懷疑心態的人交談，會使你感覺更糟。

（3）強迫自己從事曾經令你感到愉快的活動。即使現在這些活動看起來不吸引你，它們還是可以幫助你開始克服憂鬱的主要症狀，例如冷漠、缺乏興趣和活力。

辨識引發憂鬱情緒的念頭

憂鬱者具有負面的思考模式，如果不辨識這種思考模式，就會愈來愈影響行為和情緒。基於這個原因，你必須意識到內在批判對你說了什麼，以及它如何影響你的行為。

練習 34

費爾史東評估表⑨：看見引發憂鬱情緒的內在批判

以下是人們在心情低落或沮喪時會經歷的負面想法。哪些能引起你的共鳴？本練習可以幫助你辨識引發憂鬱情緒的想法。

請圈選出你經歷下列自我毀滅想法的頻率。

0＝從不 1＝極少 2＝偶爾 3＝多次 4＝經常

頻率	內在批判
0 1 2 3 4	你根本不屬於任何地方。
0 1 2 3 4	你是個糟糕的人！你不配擁有任何東西。
0 1 2 3 4	照照鏡子吧！你這麼醜，誰受得了你！
0 1 2 3 4	這個世界這麼亂，你還在乎什麼呢？
0 1 2 3 4	你的朋友都很討厭你。
0 1 2 3 4	你的生活實在無聊又空虛。

永遠不要太高興，因為壞事一定會發生。	0 1 2 3 4
你乾脆揍扁自己算了，你這個討厭鬼！這一切都是你活該。	0 1 2 3 4
你一點也不可愛，沒有人真的喜歡你。	0 1 2 3 4
你會發生這些壞事，都是自作自受。	0 1 2 3 4
你沒看到你對家人造成的影響嗎？你不明白你帶給他們什麼感覺嗎？	0 1 2 3 4
你總是惹事生非、麻煩別人。你為什麼不滾遠一點？	0 1 2 3 4
你對誰都漠不關心。你這輩子從沒關心過任何人！	0 1 2 3 4
不要讓別人知道你的心情有多糟。	0 1 2 3 4
你以為你是誰？你根本一無是處！	0 1 2 3 4
你沒有什麼可以給別人的，誰會愛你？	0 1 2 3 4
你不配得到任何東西。	0 1 2 3 4
沒有你，家人會過得更好。你最好離開，這是你唯一該做的事。	0 1 2 3 4

練習35

用真實的想法，對抗引發憂鬱情緒的內在批判

請在本練習的右欄，寫下具有自我毀滅性的任何想法，也就是導致你放棄自己喜愛的活動、自我孤立，或者任何用憤怒、惡毒、辱罵方式對待自己的想法。接著，在左欄寫下真實且較為仁慈的自我觀感。

你必須明白，即使你經歷過練習34裡的一些極端想法（朝光譜的另一端演變的想法），也不一定代表你現在有憂鬱或自殺傾向。然而，如果你覺得目前的想法帶有嚴重的自我毀滅性，就應該立刻尋求專業人士協助。與能夠更有效幫助你的人分享這些想法，是非常重要的事（請參考第八章〈選擇適合你的治療師〉）。

有些想法可能與你在人生特別艱困的時期所經歷的想法類似，而且也許已經不再出現，不過直接質疑在你感到不安或有壓力時出現的任何負面想法，仍然是個好主意。

我的真實想法 ⬅	內在批判

找個可靠的好友談談你的想法和感受

請找個值得信賴的好友談談你的負面想法，因為明確說出內在批判所做的自我攻擊，可以讓你有機會進行現實檢驗。請不要選擇同樣感到憂鬱或者對世界抱持懷疑觀點的朋友，因為你需要和不會過度同情你的問題、憐憫你，或者給予錯誤保證的人交談。**請選擇不帶批判卻很誠實、能意識到自己的負面想法，並明白聽從這些想法會帶來害處的朋友。**

也許你可以請朋友在和你談話之前，先讀過本書第一章的內容。你選擇的談話對象最好能以開放的態度和同理心，傾聽你所揭露的內在批判，最重要的是，在你心情低落時讓你感覺「比你對自己還要友善」。理想狀況下，你的朋友會針對「你對自己抱持的錯誤信念」給予真實且仁慈的意見。有幽默感的朋友，也能幫助你意識到自己的一些負面信念有多麼荒謬。

勇敢坦承自己的不快樂，不要感到丟臉。跟朋友談談長久以來對自己牢牢抱持的信念，以及曾經令你感到羞恥的內在批判。當你開始明白「自己長久以來都在聽從並相信內在批判所說的話」，你可能會發覺自己很難過。

從事令你感到愉快的活動，積極對抗憂鬱

能帶來愉悅感或消除緊張感的體能活動，是對抗憂鬱的有效解藥。在你打算從事新的活動時，必須意識到這最終會讓你的心情好起來。剛開始，你可能會提不起勁，這是可以理解的，因為就算是輕度憂鬱的人也常常感到身心俱疲，以至於無法想像哪些活動可以帶來快樂，甚至想不起自己在陷入憂鬱之前喜歡從事哪些運動、遊戲或社交活動。

你需要選擇自己真正喜歡、愉快又有益的活動，而不是從客觀角度來看很乏味的活動。當你變得愈來愈有活力，就可以開始將它加入日常的例行性活動中。

列出過去喜歡從事並令你感到愉快的活動。比方說，你或許覺得藝術活動很精采充實；或是攝影；或是可以單獨進行的運動如游泳、跑步、溜直排輪、溜冰或滑雪；或是團體運動和遊戲；或是划船、旅行、報名夜間部課程、拜訪朋友等等。

當人們心情低落時，動機、興趣和自主性都會受到內在批判控制。因此，當你選擇了一項活動之後，深入了解阻止你採取行動的想法和信念會很有幫助。

練習 36

為你喜歡的活動擬定計畫，對抗你的負面想法

請在本練習的右欄寫下你計畫從事的活動，然後每週花點時間在左欄寫下試圖說服你放棄的任何負面想法。

如果你持續從事你所選擇的活動，就會逐漸削弱內在批判對你的影響力。例如泰瑞莎在罹患憂鬱症之前很喜歡健行，所以她決定每天快走二十分鐘來對抗憂鬱的情緒。過了幾週之後，她說：

「自從我的情緒開始好轉，我就一直把負面的內在聲音想像成邪惡女巫，有點像是《綠野仙蹤》裡面的『西國魔女』。我現在清楚了解到，只要我繼續每天快走，就算那些聲音在腦海裡對我大吼大叫，也控制不了我，就像電影裡的桃樂絲朝女巫潑了一桶水，結果女巫開始尖叫並快速融化，只留下地上一小塊黑點。這正是我的內在聲音所發生的情況，那些曾經讓一切看起來陰沉灰暗的負面聲音，已經化為渺小的回音。雖然我知道那些回音還殘留在腦海裡的某個地方，但已經不再活躍或者像以前那樣控制我了。」

內在批判對我的計畫有何想法（每週記錄）←	我打算從事的活動

不斷的練習，讓你回歸活躍的生活模式

無論你的感受是什麼，只要持續執行你的計畫、挑戰那些使你委靡不振或被動消極的想法，通常就能讓你重拾人生的興趣，並且提升活力。你的自主性和動機也會逐漸恢復，進而幫助你維持活躍的生活模式。

當人們不再從真實世界的人際互動中尋求滿足時，就會變得愈來愈不關心生活，也會放棄過去令他們感到愉快且有價值的經驗。重度憂鬱者會因為試圖在自我虐待的想法中掙扎，而變得無精打采和冷漠。他們對自己的看法不再正確；事實上，他們無法區分真實的自我觀感，以及從小形成的負面自我觀感。

揭露內在批判——把它們攤在陽光下——可以幫助你驅散憂鬱的情緒狀態。要做到這一點，你必須：

（1）辨識並質疑你對自己和世界的負面核心信念，以及會引發絕望及無助感的想法。

（2）用坦誠的態度，與值得你信任且關心你的朋友討論這些信念和想法，以幫助你重拾自己的觀點。

（3）從事能帶給你快樂和活力的活動。

本章的練習可以幫助你意識到內在批判的自我毀滅性，以及可能引發自我攻擊的特定事件和情況。最重要的是，藉由揭露內在批判下達的指令，你將能逐漸掌控它們，並做出更符合你的目標、興趣和優先事項的選擇。這些方法也可以幫助你在追求個人發展和持續改變人生的同時，不斷探索自我。

Chapter 8 選擇適合你的治療師

「『心理治療同盟』（psychotherapeutic alliance）是一種獨特的人際關係，在這種關係裡，一個忠實且受過專業訓練的人會嘗試協助另一個人……沒有其他關係會像這樣，讓人在專注於分享及重視個人交流的各個層面下，得到傾聽、感受和體驗……如果有新的幻想連結或連結幻想形成（例如醫生─病人、治療師─個案、父母─孩子），這種關係將會有害；反之，在平等、坦誠及擁有真實憐憫心的情況下互動，雙方都能邁向個人成長。」

——羅伯特．費爾史東

如果你覺得本書讓你學到關於「認識自己」的有用資訊，也相信額外的協助將對你有益，你可能會考慮尋求心理治療。或者，你可能決定藉助心理治療來延續自我改變與個人成長的歷程。無論是哪種情況，你都可以找到具有能力的治療師來協助你。治療師會採用各種依據心理學理論發展出來的療法，而且經過發現，大多數的療法可以幫助人們妥善因應生活中的問題。

有效的心理療法可以靈敏的戰勝防禦機制，幫助人們重新找回對自己的感覺。它會揭露內在批判，並抵消其對行為和生活方式造成的影響。理論上，這會在個案與治療師平等互動的情況下發生。

選擇治療師時，你需要考慮哪些問題

如何選擇合適的心理治療師？在初次晤談、晤談後以及做決定之前，你可以問問自己：「這個人讓我感到自在嗎？我們合得來嗎？我真的覺得這個人在傾聽並了解我嗎？我是否感覺可以放心對這個人吐露自己的想法、感受和最深的憂慮？」考量是否與某個人合作時，你通常可以相信自己的直覺。以下是其他需要思考的重要問題：

- ✔治療師看起來真誠嗎？還是似乎在扮演某種角色？
- ✔治療師是否會引導你，讓你說出心裡的話？
- ✔治療師對你的故事是否有感覺？
- ✔你是否覺得治療師傾聽了你的故事或觀點？
- ✔你是否覺得治療師尊重你這個人，而不是顯得高高在上？

✔治療師有沒有說什麼話分散你的注意力？

✔治療師在對話中比較被動還是比較主動？你比較喜歡哪種方法？

✔治療師是否友善、熱心，但仍能察覺到治療界線？

✔治療師是否用樂觀的心態看待人生？

✔你是否覺得治療師願意傾聽你所有的感受，包括對他（她）產生的憤怒？

✔初次晤談後，你的心情變好還是變糟了？

初次晤談時，請儘管向治療師提出你認為在做決定前需要知道的任何問題。你也許可以思考以下與治療師偏好的療法與技巧有關的問題。

✔治療師的治療目標是什麼？

✔治療師的目標與你想要取得的成果一致嗎？

✔治療師屬於什麼學派？打算採用何種療法？

✔治療師認為你必須或最好完成幾次療程？總共會花多久時間？

✔治療師對你的期望是什麼？有家庭作業要完成嗎？或者你在每次晤談之後需要做哪些事？你對這些期望感到自在嗎？

與某個人合得來且有效的治療師，不見得與另一個人合得來。向你推薦這個治療師的親朋好友可能認為對方的療法適合自己，但它不一定適合你。如果你的狀況比較複雜且存在已久，你會希望挑選一位具有豐富經驗且訓練有素的治療師，以便透過對方的專業知識和資源獲得所需的幫助。

治療師的哪些特質，可以增進治療成效

研究發現，個案與治療師之間的關係，是取得良好治療效果的一大關鍵。**決定治療是否對你有效的主要因素，並不是治療師採用哪種療法，而是治療師願意且能夠與你真誠互動的程度。**能帶給你安全感和關懷的治療師，很可能會讓治療發揮功效。不過，理想的治療師要具備哪些個人特質和行為呢？以下概要說明選擇治療師時要尋找的理想特質。

- ✓理想的治療師應該格外誠實與正直，而且有敏感性、能夠感同身受。雖然他（她）會抱持樂觀態度，深信人們可以成長和改變，但不會低估你的防禦機制，而且能意識到你害怕改變的那份恐懼。
- ✓理想的治療師會有興趣了解你內心深處的想法和感受，察覺到你獨特的防禦機

制，而且在每次治療過程中都能坦然接受新的想法和真實的經驗，同時承認自己的錯誤和盲點。

✔理想的治療師會發現「被內在批判所引發的防禦行為掩蓋的優點、正面特質和潛能」，讓你看見真實的自己。他（她）也能向你傳達，當你降低心防、變得比較脆弱時，人生的樣貌會是如何。

✔有效的治療師會以開放與接納的態度傾聽，並且盡力給予真誠的回應。由於可以樹立榜樣，他（她）會透過行為反應來展現自己的正直，證明所說的話與其行為和感受是一致的。

✔治療師的正直和堅強性格，有一部分源自他們能夠接納自己的憤怒，並且將憤怒有效運用在必要的時刻，例如在個案做出自我挫敗或自我毀滅的行為時。以理想情況來說，他們會察覺到許多可能對個案有害的心理防禦機制，而且有勇氣和力量揭露並中斷這些模式。

✔有效的治療師不會認為自己比你優越，而會用行為來證明如何戰勝內在批判、過著敞開心房的生活。他（她）也會對你努力追尋美好人生表示憐憫和尊重，並經常能夠預測你在什麼時候會產生焦慮或強烈的自我攻擊想法。

✔理想的治療師會和你一起探索過去經驗和當前問題之間的重要關聯，不會評判你所說的話、不會唐突的解釋或回應你在晤談時透露的內容，也不會假設自己特別了解你的問題根源、潛在感受、想法或動機。這是個重要的考量因素，因為如果治療師做出不正確、時機不宜或缺乏敏感性的反應，很可能會阻礙或完全斷絕你表達最深層憂慮的那股渴望。

總結來說，依照賴瑞・博伊特勒（Larry E. Beutler）、布魯斯・邦格（Bruce Bongar）與喬爾・舒爾金（Joel N. Shurkin）在《是我瘋了，還是我的心理醫生瘋了？》（*Am I Crazy, or Is It My Shrink?*，無繁體中文譯本）裡的說法：「一個有效的治療師會付出關懷、認真傾聽、不加以干涉和評判，而且其行動程度符合個案的特定期望與偏好。」

找到理想的治療關係

在理想情況下，治療師會和你建立一種真實的關係，也就是對你感興趣、有憐憫心、坦誠且負責任。他（她）會成為你的盟友，協助你脫離自我保護的生活模式、投入真實的關係之中。有效的治療師會坦白談論治療關係、鼓勵個案說出對這段關係的正面與負面感受，並接納個案表現出來的憤怒和敵意。

總是想到你的缺點和弱點而且會批評你的治療師，對你可能有害無益。反之，如果治療師不僅辨認出你的防禦行為和設限心態，也經常肯定你的優點，就能幫助你成長。以不尊重或尖酸刻薄的態度對待個案的治療師，會破壞治療關係，而那些不尊重的態度會表現在遲到、打斷個案說話，或忘記個案相關資訊等行為上。他們可能無法專注傾聽個案的傾訴，而且會不當揭露個人資訊。

理想情況下，治療師會運用治療關係幫助你找回對自己的感覺，並暗中指引你重視自己的獨特性。經由彼此的互動，治療師不但能為你提供成長的機會，也會讓你了解如何建立更圓滿的關係。然後，你就可以運用學到的知識提升目前人際關係的品質。

最後一點是，治療師會敏銳察覺到你在人生早期受到的傷害，並且以特別巧妙的方式協助你重新與自己和生活建立連結。為了達成這個目標，優秀的治療師必須能敏銳察覺你的真實感受、特質和優先事項，並且把它們與掩蓋你的人格、阻礙你充分發揮生命潛能的內在批判區分開來。

當治療有所進展，你會發現自己不再需要依賴那些具有破壞性、限制性，且導致與自我感覺疏遠的防禦機制，也不再需要強迫自己重複那些熟悉且自我挫敗的行為模式，而是開啟持續改變與成長的可能性。你的治療探索歷程會幫助你辨識，並逐漸控制內在批判和那些違反感覺、違反人生的指令，讓你擁有獨特的機會來實現自己的潛能。

Part 3

擺脫過去、擺脫童年內傷

這個部分會解釋何謂「美好人生」——也就是比過去更有熱忱、更富情感和成就感的人生。第九章對理想的兒童發展之道提供指引，解決人們在努力成為更好的父母時面臨的眾多問題。第十章則會說明費爾史東博士提出的概念如何幫助人們敞開心房、活出圓滿人生，以及如何在日常生活中實踐。

Chapter 9

從我們開始，培養健全發展的孩子

「在童年時期保有完整人格、受到父母關懷、尊重及真誠對待的人，在少年與成年時期會很聰明伶俐、有同理心且善解人意。他們會享受人生樂趣，不會覺得需要傷害甚至殺害自己或他人。」

——愛麗絲．米勒（Alice Miller，兒童心理學家）

現今的父母，正試著在辛苦且充滿壓力的情況下養育健全的孩子。研究顯示，兒童最好能有至少四、五個大人認真給予關注，但許多家庭面臨的處境都使得這個理想變得遙不可及。通常，父母雙方都要努力工作來維持家計，而且缺乏值得信賴的大人幫忙照顧孩子，還有愈來愈多父親或母親必須獨自扛起養育子女的責任。此外，相較於許多其他工業化社會，美國社會（在台灣也是如此）並沒有為所有家庭提供適當的托育服務，讓父母得到充分的支援。

除了這些外在壓力，我們在教養方面遇到的重要問題都可以回溯到原生家庭。為了成為「有效能的父母」（effective parents）、與孩子培養安全的依附關係，我們需要理解自己在童年時期的遭遇，並且面對接受心理治療時經歷的痛苦，然後重新感覺自己是獨一無二的個體。**藉由辨認自己對孩子產生的信念和感受源自何處，我們會更能控制那些被迫對孩子做出的防禦行為。**

教養是一項極具創造性、挑戰性與壓力的任務，而且正如其他創造性工作，這項任務也需要大量的反省和思考。與其用僵化和設限的心態要求孩子成為怎麼樣的人，我們可以學習培育及引導他們的方法，幫助他們展現天賦特質和獨特的存在方式。考量到這個目標，探究孩子在哪些情況下認為自己不好或不可愛以及如何產生內在批判，是很值得做的事。

本章的重點會先放在幾位父母揭露的痛苦經驗上，這些父母勇敢說出自己與孩子互動時經歷的真實感受、坦露當認為自己不被接受，以及當感到恥辱和內疚時，所出現的感覺和行為，並且提出了大多數教養書籍沒有觸及的問題。接著，本章會提供有助於親子教養的指引和建議。

我們為什麼會不斷複製父母的教養行為

「我曾經發誓不會用父母對待我的方式，來對待我的孩子，但我發現自己在做跟他們完全相同的事。」這位家長描述了親子教養中最令人費解及苦惱的一面。許多人發現，自己會對孩子做出如同上一代所做的負面行為——儘管出發點是好的。藉由認識「負面親職特質」世代傳遞的原因及方式，父母可以學會控制這個過程，並中斷惡性循環。

負面親職特質的世代傳遞過程，可分為三個階段：

(1) 在成長時期，我們都會遭到不同程度的拒絕、剝奪、敵視和創傷。當父母的情緒或行為失控時，我們接收父母對我們產生的破壞性感受、想法和態度，然後將它們轉為內在批判。換句話說，我們承襲了父母在最糟時刻的樣子，而不是他們平時的樣子。

(2) 我們帶著充滿敵意的內在批判過日子，並且自我設限、自我懲罰，在本質上以父母教養我們的方式教養自己。

(3) 當了父母以後，我們幾乎被迫對孩子表現出類似的負面行為模式。在緊張的親子互動過程中，我們可能會發現自己竟然說出和做出曾經發誓絕不會出現的言語和行為。我們幾乎可以感覺自己在回頭張望、看看是誰說了剛才那些話。接著，孩子會把我們爆發出來的破壞性感受和想法，轉為自我貶抑的內在批判，完成這個惡性循環。

案例

覺得自己是個負擔的莎曼珊

五十歲的莎曼珊在親職團體中透露，她在女兒很小的時候經常埋怨女兒，因為餵食和照顧工作花掉她很多時間和精力。她說：

「我很討厭每次她哭，我就得放下手邊所有事情去餵她，這讓我隨時都可能受到打擾。我總是得馬上回應她的需要，所以我在餵她時都會有股怨恨感。從那之後，我對這些情緒反應一直感到很慚愧，但我也更清楚看到母親對待我的方式。以前讓我感到茫然的事，都開始清晰起來了。

「現在，當我感到難過或沮喪時，我發現我會這樣告訴自己：『不要拿你的問題去打擾老公、不要打擾你的朋友、不要再打擾別人了，你真的帶給大家很大的負擔！』以前，我的母親對我一定就是這種感覺，所以我也把女兒當成一種負擔。我還記得，有時候女兒在哭時，我真的沒有聽到她的哭聲，得靠老公或其他人提醒才知道她在哭，所以我會有一段時間沒有回應她。」

莎曼珊二十二歲女兒茱莉經常否定及壓抑自己的需求。她描述了內在批判說的話：

「不要有任何要求、你不配得到任何東西，何況你很難滿足。只要別礙事就好，不要引起注意。你這麼不友善，又很難滿足，沒有人會想施予你任何東西。對你老公、朋友和所有人來說，你根本是個負擔。」

在辨識負面的自我觀感後，茱莉發現她對兩歲兒子傑克的看法，與母親對她的看法大致相同。她在幫傑克安排托育服務時，常常告訴自己：

「你怎麼可以要求別人照顧他呢？他那麼愛哭、黏人，老是要這個要那個的。他現在正是『可怕的兩歲小孩』，你怎麼能麻煩別人照顧他呢？你自己照顧就好，不要拜託別人幫忙。」

孩子的天真、活潑和率性，會喚醒父母在童年時期受過的傷害及痛苦、威脅到父母的防禦機制。與孩子親密互動的過程中，父母可能會再度經歷過往的傷痛，對孩子感到憤怒或怨恨，卻不明白原因出在哪裡。

不僅如此，許多父母在孩子進入「對父母本身來說，特別痛苦或恐懼的發展階段」時，都會感到相當不安。而在這些階段，父母通常會用當時自己被對待的方式，來對待孩子。

案例

無法與兒子親近的泰德

泰德在親職團體中談到他對四歲兒子查理的感受。泰德從多年前就一直渴望有個孩子，特別是兒子。他和妻子費盡心力諮詢生育專家、考慮了許多選項，最終才生下查理。如今，泰德卻痛苦的發現自己和兒子沒有很親。以下是泰德與親職團體帶領人費爾史東博士的部分對話：

泰德：「我發現我比較容易親近大人，不容易親近查理。我有個迷信的想法，那就是只要他長大了，我們就會變得更親，所以我一直在尋找其中的原因。我也在想，我不親近查理，是因為我小時候受到相同的對待，我不會給他我自己得不到的東西，然後我想到，從我一歲到四歲半的那段日子，父親都不在我身邊。」

費爾史東博士：「你的意思是，每當你對待查理的方式或者對查理的感覺，跟你小時候受到的對待不一樣時，心裡就會很痛苦。這似乎讓你很苦惱。從某方面來說，它讓你想起了以前的痛苦經驗，所以你很難用溫柔體貼的態度對待查理，但事實上，這跟你過去的經驗是兩回事。按照你的說法，你父親疏遠了家人，使你受到折磨，然後在某種程度上，你對查理發展出了相同的模式。」

泰德：「對，我和查理很少有真正的互動，就算我在他身邊，也像是不在一樣。」

費爾史東博士：「你是說，即使你們近距離接觸，你也會把自己隔絕起來。」

泰德：「對。事實上，我發現我對大人甚至其他小孩，都比對查理有感情，這真的讓我很驚訝。」

費爾史東博士：「你覺得為什麼會這樣？」

泰德：「因為我不會給他我自己得不到的東西。」

費爾史東博士：「這讓你感到難過。」

泰德：「難過和慚愧都有，但難過沒有什麼用。查理渴望得到我的關心，就像我以前那樣，而且沒有真正的理由。我不相信自己做不到，但我相信我的行為很不理性。」

受到孩子喜愛與重視，可能會使父母產生一種強烈到難以忍受的痛苦和感傷。許多人在經歷過這種親密接觸之後，會開始疏遠自己的孩子。事實上，**防禦機制強的父母之所以發覺自己難以與孩子維持親密關係，主要原因可能是他們不願在與孩子相處的溫柔時刻，重新釋放壓抑已久的情緒。**

我們為什麼會愧疚於無法時時感受到愛

「有時候，我感覺不到我對孩子的愛。」一位參加親職團體的家長說。這句話反映了大多數父母都會面臨的憂慮。首先，父母都必須知道，無條件的愛並不存在，這是個迷思且已經構成我們傳統及價值體系的基本部分。其次，信奉這個不切實際的理想會導致父母產生內疚感。身而為人，每個父母都有自己的局限性和弱點，並不是完美無缺且完全充滿著愛，所以對父母來說，因為達不到這個理想而批判自己，是很荒謬的事。

我們對孩子產生的矛盾心態，只是反映了其中一種自我矛盾心態。我們疼愛自己的孩子並想要呵護他們的這個事實，並不能推翻有時候會對他們產生怨恨和其他負面情緒。同樣的，雖然我們有時候會對孩子產生負面情緒或敵意，但是我們對孩子的關愛，也是不容否認的。我們在所有關係裡都會表現出某種程度的矛盾心態，如果我們沒有辨識這些對自己以及對孩子產生的矛盾心態，可能就會對孩子漠不關心、帶給他們不必要的痛苦感受。**唯有善待自己、了解我們如何對自己產生負面心態，才能為孩子提供健全發展所需要的溫暖、情感、愛和自制力。**

許多父母拒絕承認自己的弱點或不受喜愛的特質，反而從孩子身上察覺它們，然後懲罰那些想像出來或經過誇大的特質。當這種情況發生時，孩子基本上被父母當成了垃圾場，用來傾倒他們想要否認的個人特質。很多時候，同一個家庭裡的孩子會被貼上不同標籤，或者被父母特別挑出來當作投射個人特質的「容器」。

如果你發現自己用嚴厲或批判的態度對待孩子，那麼問問自己：「我到底為了什麼生氣？為什麼氣成這樣？真的只是孩子的緣故嗎？我有沒有可能是在氣自己？」

舉例來說，有位對「性」抱著拘謹態度、習於壓抑性欲的母親，在女兒出現性成熟的跡象之後就一直很擔心。她害怕青春期的女兒會隨便與人發生性行為，所以一天到晚注意女兒的活動、查看女兒的電子郵件、私人物品和功課，想要找出任何與男孩子有關的線索。結果女兒上了大學以後，與好幾個男人發生關係，讓母親的預測成為事實。**一般來說，孩子會在把父母理想化的同時，接受父母貼在他們身上的負面標籤，並且終生困在這個狹隘、受到局限、形塑自我認同的標籤系統裡。**

不幸的是，當孩子在成長過程中受到傷害，長大之後往往會變得難以去喜愛別人。許多孩子到了學齡階段，已經不再是從前那個天真無邪又可愛的寶貝。他們可能有了很大的轉變，以至於開始表現出負面的行為模式和人格特質，例如發牢騷、生悶氣、愛抱怨和操弄別人。通常人們會認為孩子「只要過了這個階段就好了」，但事實並非如此。

對你來說，**試著了解孩子為什麼做出破壞性行為，會比一再懲罰那些行為更有用。**例如，當孩子與兄弟姊妹發生爭執時，你可以聽聽他怎麼說，而不是讓爭執場面延續下去。如果這些破壞性的行為沒有得到理解並受到挑戰，它們將會隨著孩子進入青春期或成年期，繼續發展成更複雜的防禦行為。

要是你有個難以擺脫不當行為的孩子，問自己以下這些問題可能會有幫助：孩子的行為告訴了你什麼？孩子是不是很生氣？很受傷？很沮喪？很害怕？你覺得孩子是不是利用這種行為對抗痛苦或悲傷的情緒？是不是有什麼事情正在影響孩子的情緒或行為？孩子有哪些行為令人不愉快，而且惹你生氣？這些行為是否反映了你以前被對待或被教導的方式？你有沒有找孩子談談，試著了解孩子的真實感受？

很遺憾，許多父母不給孩子處理痛苦事件的機會，他們阻止孩子表達痛苦的反應——不管是透過哭泣或者說出內心的感受。這種做法通常無法幫助孩子化解痛苦，因為如果不給他們處理情緒的出口，他們就會壓抑自己的情緒反應。

重新檢視你的童年經歷，用更適當的方式面對孩子

父母的終極目標，是幫助孩子成為品行端正、受人喜愛、享受均衡生活的成年人。如同本章所述，重新檢視童年時期經歷的感覺，是讓你實現這個終極目標的關鍵因素。此外，你還可以透過一些指引獲得教養方面的更多協助。

避免不必要的規定

對父母來說，避免設下不必要的限制、規定和標準，是有幫助的。值得注意的是，要有效達成「讓孩子社會化」的目標，其實不需要太多的規定和限制。針對重要的問題設下規定，並且貫徹到底，就更能夠實現教養目標。與其在「你一定要吃蔬菜」或者「你不能吃甜點」這些瑣碎問題上直接對抗，我們可以建立有限的規定，然後堅定的執行下去。

我們需要向孩子清楚說明我們設定的標準和規定。隨著孩子漸漸長大，我們可以解釋那些規定背後的原因、教導他們認識自制的重要性。如此一來，當遇到可以明確執行規定的狀況時，孩子就不會覺得他們擁有選擇權。比方說，如果你規定六歲孩子必須幾點上床睡覺，就不必每天晚上問他「是否要上床睡覺」，然後依舊要求他立刻照你的話去做。你只需要直接展現你的權威，對他說：「現在你要睡覺了。」而不是：「你要上床睡覺了嗎？」

為孩子樹立榜樣

心理學家發現，孩子真的是「照父母所做的去做，而不是照父母所說的去做」。談到教養孩子，**父母以身作則遠比特定的訓練或管教措施還要有效；任何關於良好行為的說明、規定和指示，都比不上實際辨識及模仿父母的行為。**孩子會在平常觀察父母的過程中，建立起自己的行為模式，因此父母所做的每個行為都應該值得模仿，因為孩子確實會有樣學樣。

如果父母表現出受到內在批判影響的行為，那麼孩子注定會隨著年紀增長而模仿它們。這些行為包括扮演受害者角色、自我否定或放棄追求快樂、成癮、消極被動、不誠實、偽善、帶有偏見、虛榮自負、吝嗇小氣、諷刺、漠不關心、侵擾別人、易怒等等。

在閱讀前面的章節時，你是否從自己身上發現任何「你認為有害或不受歡迎的人格特質或行為」？這些行為是模仿父母而來的嗎？你的孩子也在模仿這些行為嗎？你覺得自己的哪些特質或行為最有害，因為孩子可能會模仿它們？光是意識到這些問題，往往就能產生正面的影響。

練習 37

費爾史東評估表⑩：看見影響教養模式的內在批判

本練習可以幫助你深入了解正在影響你教養模式的內在批判。

請圈選出你經歷下列內在批判的頻率。

0＝從不　1＝極少　2＝偶爾　3＝多次　4＝經常

頻率	內在批判
0 1 2 3 4	你不懂得安撫你的寶寶，你沒辦法讓他（她）的心情變好。
0 1 2 3 4	你根本不知道怎麼當個父母。
0 1 2 3 4	你不懂得怎麼抱嬰兒，你一定會害他（她）摔下去。就算他（她）的身體沒受傷，心理上也會受到傷害。
0 1 2 3 4	你對小孩很沒耐心。
0 1 2 3 4	誰在乎你對自己身為父母有什麼感受？你的感受根本不重要，唯一重要的是你老公（老婆）的感受，還有你孩子的感受。
0 1 2 3 4	你的寶寶很難滿足、需要很多關懷、很黏人。

你以前那麼想要有個孩子，現在卻無法等到他（她）睡著。你是怎麼回事？	0 1 2 3 4
孩子應該要配合你的生活步調，而不是打亂它。	0 1 2 3 4
你的寶寶老是在哭，你一定是哪裡做錯了。	0 1 2 3 4
聽著，你小時候常被大人打屁股，所以你才學會分辨是非善惡。管教孩子唯一有效的方法就是體罰，這是為了他們好。	0 1 2 3 4
（父親）男人不懂得照顧嬰兒，還是讓老婆來吧。	0 1 2 3 4
（母親）男人不懂得照顧嬰兒，所以你還是自己來吧。	0 1 2 3 4
不能讓孩子得逞，你得讓他們知道誰才是老大。	0 1 2 3 4
你會寵壞孩子的，你應該讓他（她）自己哭到睡著。	0 1 2 3 4
不要告訴孩子你為他（她）感到驕傲，這樣只會讓他（她）變得自以為是。	0 1 2 3 4
小孩天生就好鬥、貪心和自私，所以必須學習如何當個有教養和無私的人。	0 1 2 3 4

你必須早點嚴加管教，否則孩子長大以後會變壞。	0 1 2 3 4
你得盯好青春期的孩子，就算這代表你得查看他們的電子郵件和私人物品。	0 1 2 3 4
你怎麼能說自己小時候受到剝奪？你什麼都不缺，你有父母、有姊姊，還有個舒適的家。你沒辦法把孩子教好，只能怪你自己。	0 1 2 3 4
孩子又在外面胡鬧，把你的臉都丟光了！	0 1 2 3 4
這孩子根本是想惹你生氣。	0 1 2 3 4
孩子看起來很不開心，這都是你的錯。	0 1 2 3 4
寶寶是為了故意給你找麻煩，所以才每天很早就醒來。	0 1 2 3 4
你又對孩子讓步了，你總是無法說到做到。	0 1 2 3 4
這孩子很沒用，就像他（她）爸爸（媽媽）一樣。	0 1 2 3 4
你的脾氣真的很差，老是對孩子發飆。	0 1 2 3 4
孩子必須認真聽從你說的話，朝他的屁股打下去吧。	0 1 2 3 4
他（她）都那麼大了，不能再一直抱著他（她）了。	0 1 2 3 4

用獎勵代替懲罰

心理學家發現，「正增強」（positive reinforcement）或獎勵，往往可以增加正面行為發生的頻率；而「負增強」（negative reinforcement）或懲罰，對於阻止不良行為無法發揮很大的效果。孩子會對微笑、稱讚和親密的身體接觸產生正面的反應，另一方面，懲罰會引發負面情緒，例如恐懼、羞辱感、內疚和憤怒。**受到嚴厲懲罰的孩子不大會記取教訓，但肯定會記住在受到懲罰時經歷的恐懼感。**

經常對孩子嘮叨、抱怨或說教的父母通常難以管教成功，因為這些形式的懲罰，會引發孩子的怨恨和憤怒，卻無法控制孩子的行為。比較好的做法是搭配使用口頭稱讚、有形獎勵、真誠肯定（並非虛偽的讚美或討好）以及某種形式的負面後果。建議父母不要為了誘發孩子的良好行為而給予金錢獎勵，因為這種做法通常會把孩子的行為置於商業基礎之上，而非置於個人基礎之上。

避免體罰

絕不要用打屁股、毆打或虐待身體的方式來管教孩子。如果你需要約束孩子的行為，例如阻止孩子跑到馬路上，你可以緊緊抱住孩子、嚴厲的對孩子說話，甚至直接把孩子帶到你想去的地方；你不需要出手打孩子。

你在自己的人生中愈有所成長，就會愈有能力處理孩子的惱人行為。當你學會接納並理解自己所有的情緒（包括憤怒），你就更能克制自己、避免對孩子做出攻擊性的行為。

接納自己的憤怒情緒需要花點時間來學習，你可以利用一些策略，幫助自己在容易發飆的時刻處理自己的憤怒。親職教育專家會建議你給自己一段冷靜期：向後退幾步、離孩子遠一點，然後深呼吸，慢慢從二十數到零。等到你覺得情緒控制下來了以後，你可以和孩子一起聽音樂或看故事書，把孩子的注意力從剛才的情境轉移到其他事情上。

如果可能的話，你也可以把情況留給別人去處理，讓自己暫時休息、冷靜一下。這也是讓其他有興趣且有同情心的成年人（家人或朋友）參與育兒工作的眾多好處之一。與他人共同分擔養育孩子的工作，包括情緒及生理方面的照顧，不但能拓展你對孩子的整體觀點，也能幫助你紓解教養壓力，使你成為更放鬆、更有效能的父母。

練習 38

想想看，當你對孩子生氣時，你的想法是什麼？

如果你有難以控制憤怒情緒的問題，你可以在本練習的最右欄裡，寫下你對孩子產生的憤怒想法。然後問問自己，這些想法是否反映出你的負面心態或內在批判，並且將內容寫在中間欄裡。最後，這些想法是否讓你想起小時候大人對你說過的話？請將那些話寫在最左欄裡。

例如，有位父親在本練習的最右欄裡，寫下了他對三歲兒子的憤怒想法：「這個孩子快把我逼瘋了。」然後，他想起小時候母親就是這樣對親戚朋友形容他的，而且每當她很生氣時，都會用連鄰居都聽得到的音量對他大吼：「你快把我逼瘋了！」這位父親在反思自己的憤怒思考模式時，意識到他的腦海裡有很多內在批判對他說：「你是個麻煩製造者，為什麼一定要引起別人注意？沒有人真的喜歡你，同事都快被你逼瘋了，你為什麼不閉嘴！」當你寫下憤怒想法以及你對自己說的任何負面話語時，你可能會開始想起小時候父母、親戚、兄弟姊妹或老師嚴厲對待你的情況（請從右欄寫至左欄）。

小時候大人對你說過的類似話語 ⬅	與這些憤怒想法類似的內在批判 ⬅	對孩子產生的憤怒想法
例如：小時候母親就是這樣對親戚朋友形容我的，而且每當她很生氣時，都會用連鄰居都聽得到的音量對我大吼：「你快把我逼瘋了！」	例如：「你是個麻煩製造者，為什麼一定要引起別人注意？沒有人真的喜歡你，同事都快被你逼瘋了，你為什麼不閉嘴！」	例如：「這個孩子快把我逼瘋了。」

當你執行規定時，請避免用嚇唬式的空洞懲罰來威脅孩子。你有多少次聽見父母一再警告孩子：「如果你不聽話，就不能看電影、去公園玩，或者跟我們一起出去吃飯。」或者：「如果你不馬上停下來，我就會揍你一頓。」很多父母都會用自己無意採取的行動當作威脅手段，或者無法將他們的威脅付諸行動。很顯然，這種空洞的威脅不但發揮不了效果，還會損害父母的權威性。在這些情況下，孩子學到的是他們可以不聽父母的話，而且不必承擔任何後果。

避免用批判式的態度管教孩子

批判式或道德主義式的管教態度，會損害孩子的自尊心，讓孩子覺得自己不好——只因為他們哭泣或感到傷心、因為感到憤怒或怨恨，或者因為有需求、欲望和渴望。將孩子視為罪人或壞人的道德主義式管教法，會對孩子造成毀滅性的影響。孩子不是天生就很邪惡或天生就很壞，儘管許多父母不會有意識的認同這種看法，卻會在不知不覺中認為孩子很壞，然後採用相應的態度來管教。但是，幸運擁有這種正派父母的孩子並不需要道德準則方面的教導，他們會透過觀察及模仿父母的行為，來學習道德行為及準則。透過「說教」或「經驗教訓」來強調善良與正直的重要時，通常會帶來反效果和害處，尤其是父母違背自己的原則時。

請避免只因為孩子有需求或渴望，就教導孩子把自己看成壞人或自私的人。孩子的需求是自我認同的重要組成元素，而且能呈現孩子的獨特興趣。請留意孩子對哪些事物感到開心、特別受吸引，然後幫助孩子增強那方面的人格特質。

在管教孩子時，你必須強調令你生氣或討厭的是孩子的不當行為，而不是孩子本身，然後安慰孩子說他（她）不是壞人，這樣孩子就會知道你氣的不是他（她）這個人，而是他（她）的行為，而行為是可以改變的。你也可以運用幽默感來幫助孩子擺脫惡劣情緒、停止不當的行為。

具有幽默感的管教態度可以強化孩子的正面自我意象，又能溫和的指出令人不悅的行為，是尊重孩子的一種做法。至於有些父母用來控制或羞辱孩子的諷刺話語，則不包括在內。

練習39

從內在批判與眞實的自我，看見你如何看待身爲父母的自己

如果你用批判和譴責的態度看待身為父母的自己，那麼教養的成效肯定會受到影響。你必須能夠區分你對自己身為父母的真實想法，以及你的內在批判。本練習的目的就是在這方面給予協助。

請在右欄寫下內在批判如何看待身為父母的你，然後在左欄寫下你的真實想法。你可能會認為，你表現出來的某些行為或態度確實有缺陷，畢竟沒有父母是完美的，但重要的是，你必須區分哪些是針對你的缺點產生的真實想法，哪些是在懲罰你而且無法鼓勵你改進的敵對想法。

如果我們不滿意自己以父母身分表現出來的行為或態度，那麼就必須辨識它們並努力改變，以便我們成為更好的父母。

「真實的自我」如何看待身為父母的我 ⬅	「內在批判」如何看待身為父母的我

接納孩子對你的愛

孩子需要能感受「他們對我們的愛」，感受對「我們擔任父母角色以外的真實面貌所流露出來的愛」。如果我們剝奪了這個機會，他們將會在情緒上受到折磨。我們需要學會接納孩子對我們自然表露的愛，儘管這似乎不言可喻，卻可能是為人父母者所面臨最困難的任務。我們必須留意自己如何回應孩子愛的表現，以及那些表現在我們心裡引發的感受。然後，我們就能試著忍受任何強烈的悲傷及痛苦，而不會把孩子推開。

努力實現自我，才是幫助孩子最佳的方式

給予孩子最佳幫助的方式，並不是為了孩子犧牲自己，而是努力實現自己的人生。

當我們誠實的追尋自己的目標，就在為孩子樹立好的榜樣。為了教導孩子活出美好人生，我們必須真正珍惜自己，接納自己所有的感受、願望和優先事項，並積極參與自己的人生。我們需要按照自己的需求、欲望以及真實的想法過日子，而不是聽從內在批判的指令行事。如果我們能戰勝內在批判的破壞性想法，並保有感受能力以及充分投入生活的意願，我們將會對孩子的個人發展與未來產生深遠的正面影響。

我們有希望弄清楚防禦機制和破壞性思想如何形成、如何世代相傳。而且我們有很多可以樂觀的理由，因為我們發現，只要不屈服於內在批判及其負面指令，就能打破世代相傳的痛苦情緒和防禦行為鏈。如果我們不斷促進個人成長、強化真實的自我，就能成為更好的父母，孩子對自己也會有更強的覺察力。

Chapter 10

擺脫受限的人生

「不要向外尋求美好；向內求，否則你們永遠都找不到。」

——愛比克泰德（Epictetus，古羅馬哲學家）

每個人都想要為自己及所愛的人創造理想的生活。數個世紀以來，哲學家和宗教導師一直在試圖描述「美好人生」的含義。儘管他們對這個問題各有各的看法，卻都有個共同的信念，那就是如同蘇格拉底所說：「未經審視的人生是不值得過的。」**只有認真思考自己的需求、欲望、目標和理想，然後從人生中找尋個人意義並做出清醒的選擇，我們才能充分發揮自己的潛力。**

對你來說，什麼是「活出美好人生」？

「美好人生」包含了超越受內在批判指使的生活及心理防線，去探索各種事物，它包含了建立真實的親密關係——即使人類的境況原本就離不開人際煩惱和痛苦。美好人生不是透過追求「快樂」來實現的，因為「快樂」通常被用來形容沒有恐懼、焦慮、痛苦這些負面感受。相反的，**全然的活著意味著敞開心房、接納人生所有的悲歡苦樂，也包含了努力找尋個人意義和自我超越的目標——而快樂只是其中的副產品。**

有意義的人生並沒有一套公式可以遵循。美好人生的各個層面都會挑戰內在批判強加給我們的限制，因此為了擁有理想人生並且充分發揮潛能，我們需要投注畢生心力在每個人都具備的人類特質上。

明白身而為人的真正含義，就有可能確立美好人生的目標，而基本的人類特質包括：渴望尋求人生的意義、能以愛與仁慈的方式對待自己和他人、擁有思考力和創造力、能體會深刻的情感、渴望且需要與人建立關係、能設定目標並訂定實踐的策略、對死亡和孤獨有所認知，以及能思考生命的神聖與奧祕。要活出自我肯定的人生，我們需要甘冒必要的風險，並忍受伴隨而來的焦慮。我們都擁有「肯定生命」的人類潛能，也就是改善自己與他人人生的能力。發展這些潛能的方式，會依據個人能力和特定生活狀況而有所不同，但肯定包含了「渴望認識自我」以及「懷抱對未來的願景」。

雖然我們不可能勾勒出實現美好人生的詳細藍圖，但是可以採取一些行動，邁向更自我肯定的人生。以下準則補充了本書先前建議的技巧和練習，有助於進一步破除防禦機制、戰勝自我設限的障礙。

擺脫負面思考、持續讓自己成長

踏上追尋美好人生的冒險旅程，就是在賦予自己價值。我們往往因為自我意象遭到嚴重破壞，難以肯定自己以及生命的固有價值。因此，**擺脫人生早期形成的負面思考模式——區分負面想法以及更真實、更仁慈的觀點——就成為我們不斷追尋的重要目標。**當你能夠透過自己的眼睛而非內在批判的扭曲濾鏡看事情，對自己、他人和世界的觀點，就會有所不同。你會變成探險家、發現者，在你的內在世界裡不帶批判的探查可能找到的任何想法或感受。

同時，你會用真正好奇和關注的眼光來看待他人和世界。你會發現別人和你並沒有什麼不同；你會看見他們雖然脆弱、受到某種程度的傷害，卻努力改善自己的人生。你會從深刻的情感層面上體認到，所有人終究面臨著相同的命運。

察覺伴隨改變而來的恐懼感

必須再次強調的是，逐漸提升情緒健康和降低防衛心的過程中，你可能會經歷短暫的恐懼感。如同我們所看到的，破除人生早期形成的負面模式不是件容易的事，焦慮勢必會伴隨成長而來。**你需要鼓起勇氣生活在更正面的環境中，同時冒著風險改變你在原生家庭中形成的自我認同。**

大多數人或多或少都害怕改變，這也使得社會上有許多人，正以不同程度陷在自己的防禦機制裡。他們害怕一旦卸下心防，焦慮感就會排山倒海而來。他們無法預見：無論成年後有什麼感受，都不可能再受到小時候建立防禦機制時那種程度的傷害。

害怕變化、不確定和陌生的事物，是人之常情，這是可以理解的。脫離慣常防禦機制和內在批判的生活，需要很大的勇氣。事實上，我們必須親身嘗試並承擔某些風險，才能確定自己在改變人生之後會有什麼感受。活出美好人生是一個過程、一段旅程，這意味著我們會漸漸習慣人生中不斷出現的變化，以及我們的世界裡出現的陌生里程碑。因此，在實現更自由、更能促進成長的人生之後，我們必須逐漸習慣——這個嶄新世界和小時候所熟知那個世界有著巨大的差異。

體認到內在疼痛有其根據與正當性

我們在童年時期遭受了某種程度的情感剝奪、虐待、忽視或冷落，然後這些內在疼痛依舊持續折磨著我們。我們會掩蓋這些痛苦的感覺，在心中否認自己受過傷害，並開始覺得這些痛苦沒有根據或不真實，認為自己的不快樂缺乏正當性。我們會開始相信自己的局限性是天生的，相信「我們本來就是如此」。我們可能會很難接受一個事實：我們是在無辜的情況下對自己設限，而且確實發生了某些事，以至於不得不建立那些局限我們人生的防禦機制。**明白你的恐懼有其根據與正當性，會帶來很大的幫助。光是體認到這個事實，就能讓你感覺好一點，你會更了解自己的情緒、更貼近自己。**

學會從真實的角度看待父母

孩子天生討人喜歡，但如果父母受到防禦機制影響而無法表達對孩子的愛，孩子長大以後往往就會覺得自己不可愛。在童年時期，這種對於父母無法給予愛而產生的體悟，會使孩子陷入絕望的境地，因為孩子的生存取決於父母是否能滿足需要。於是孩子會認為是自己不好，並且相信只要做出改變，就能得到父母的愛。這種想法會讓孩子繼續懷抱希望，但付出很大的代價。

將父母理想化——在心目中把父母看得比實際上更堅強、更正面、更有愛心——代表孩子必須保持自己的負面自我意象。小時候，我們相信自己之所以痛苦，並不是因為父母不稱職或軟弱，而是因為我們不好或犯了錯。我們通常會以內在批判的形式，終生抱持這種負面意象以及不可愛的感覺。**除非我們從真實的角度看待父母，包括他們的優缺點，否則將繼續抱持這種負面的自我意象。**

察覺自己對情緒感受，所產生的特定防禦機制

身為人類，我們擁有非凡的能力，可以深刻體會並反思自己的情緒感受。學會接納所有情緒感受、理解它們並適當表達出來，對於維持情緒健康相當重要。只有過著「有感覺」的人生，才能用和平理性的方式彼此了解。相反的，如果切斷感受，就會對自己和所愛的人造成很大的傷害。

因此，你必須察覺對情緒感受產生的特定防禦機制，無論是自我挫敗行為、壓抑的行為模式、自我否定或自我放棄、濫用藥物或其他物質，或者依賴幻想、角色和形象。你可能已經藉由本書的練習，學會辨識影響這些特定行為的內在批判，並且加以掌控。

開始過著降低防衛心、更有感覺的人生時，你必須認識到你的防禦機制不代表你——儘管你可能會覺得那些習慣性的防禦行為，似乎是自我的一部分。**了解到「防禦**

機制的形成有其正當性，但現在它已經把你限制住」，對於破除防禦機制並重拾真實的自我感覺非常重要。

尋找人生的意義

身為人類的我們都有一種直覺，那就是人生不只是追求物質上的成就，還需要尋找自己活著的真正意義，無論是透過親密關係、親子關係、工作，或創造性的表達方式。當我們超越基本需求，從事對自己、社會和未來都有重要意義的活動，那股尋找人生意義的渴望就會成為實現美好人生的重要部分。**當我們把情感和心力投入在表達個人特殊需求的活動中，就能找到屬於自己的人生意義。**例如，藝術家從創造性的表達方式中找到意義，有些人從親朋好友的互動關係中找到意義，有些人則透過人道主義工作或造福後代子孫的行動找到意義。尋找人生意義也包括在工作與個人生活之間找到平衡點，這意味著努力為自己和所愛的人創造「最適合充分發揮潛能的家庭環境」。

建立親密的友誼，而不是藉由幻想連結建立關係

「親密的友誼」和「憑著幻想連結建立起來的關係」有很大的不同。友誼與幻想連結的主要差別在於溝通的品質。當你與值得信任的親密好友在一起，你可以毫無顧忌的

發表自己的觀點和意見、分享自己的感受。你會想要知道好友如何看待你，你們可以討論這些個人想法而不會彼此懲罰。在這樣的友誼當中，你會對自己的焦慮和問題負責，而不會把好友牽連進來。你們會以仁慈的心態分享彼此生活中的敏感話題。

這樣的好友可以成為你對抗內在批判的盟友。許多人發現，與親密好友持續進行有意義的互動，可以減少自我攻擊的想法，並紓解心情低落或沮喪的感覺。**在你持續邁向個人成長的過程中，擁有一個令你欽佩的好友，並且模仿對方令人欣賞的特質，可以帶給你很大的幫助。**

友誼不存在於空中樓閣裡。與好友一起參與真實活動是很重要的事，而且這些活動不一定要很特別，你們可以只是一起看夕陽、聊天、對人表達關心。你們可以從事任何活動或興趣，只要彼此的關係是對等的。也許你們擁有不同的知識、技能或智慧，但感覺彼此平等，因為沒有「父母—孩子」的角色扮演牽涉其中。

在親密關係中，讓自己學會「給予」與「接受」愛

在親密關係中真心愛著一個人，幾乎可以說是最能帶來活力感、對實現美好人生來說最重要的經驗。但在我們的社會中，「愛」這個字已經變得相當微不足道，以至於逐

漸失去了真正的意義。然而「愛」可以被深刻定義為「提升自己與他人幸福的感受和行為」。愛的行為包括愛慕、尊重個人界線、仁慈、溫柔，以及渴望在生活中享受親密的陪伴。光是在腦海裡愛一個人並不足以建立起愛的關係，我們還需要透過正面的行動來表達愛，讓伴侶受到真實的感動。第四章曾經強調，愛是人生的重要力量，可以幫助驅散人類境況中固有的痛苦和絕望。在美好的人生中，我們會逐漸發展出「給予」和「接受」愛的能力。

當你逐漸實現你為親密關係設定的目標時，反思有些伴侶認為可以增進「理想」互動關係的面向，會有很大的用處（根據費爾史東與卡勒特在一九九九年所做的研究）。伴侶帶進親密關係裡的個人特質，是預測伴侶互動滿意度的最大因素。

下列個人特質，也可以當作「尚未建立親密關係的人」選擇伴侶的重要參考。選擇伴侶事關重大，因為對方的個人特質可以經由許多無法預見的方式決定我們的人生。雖然很難辨識和評估哪些正面人格特質會持續存在，但在戀愛階段還是可以評估某些個人特質。如果你目前沒有親密伴侶、曾經長期處於不滿意的親密關係中，或者希望在未來選擇伴侶時有更明智的決定，以下個人特質清單可能會對你有幫助。這些可以從潛在伴侶身上尋找的六大特質，也可以在你發展親密關係時用來當作個人成長的理想目標。

理想伴侶的六大特質

以下列出的，是可從理想伴侶身上尋找以及你可能想要培養的個人特質，且不同於有幻想連結的伴侶所擁有的典型特質和行為（根據費爾史東與卡勒特在一九九九年所做的研究）。

正面特質與行為	有幻想連結的伴侶，所擁有的典型特質和行為
無防衛心，保持開放態度	對伴侶的意見產生憤怒反應；不願接納新的經驗
誠實和正直	欺騙、表裡不一
尊重對方的界線、優先事項，以及與自己不同的目標	做出踩線的行為；只注重與自己有關的事
親密的身體接觸	缺乏情感交流；性生活不和諧、冷淡、公式化
能理解而不扭曲對方的意思	會誤解並扭曲對方的意思
不會掌控對方、沒有具威脅性的態度和行為	會掌控對方、會出現具威脅性的態度和行為

特質❶：無防衛心、保持開放態度

無防衛心和保持開放態度，是實現美滿親密關係的兩大基本特質。前者意味著從客觀、平衡的角度看待自己和伴侶，並且樂於接納意見。人們帶著防衛心態溝通時，經常會因為對方的批評而產生憤怒的反應——無論那些批評是否嚴重或錯誤。人們可能會轉移話題、反擊、情緒失控和哭泣，或者用強烈的措詞恐嚇伴侶，例如：「好吧，如果你要這樣看我的話……」或者：「如果我像你說得那麼糟糕……」等等。很顯然，這樣的回應方式會使伴侶後悔自己提起了某些話題。你可能會對某些問題產生防禦心態和過度敏感的反應，卻對其他領域的批評抱持開放態度。在婚姻或長期親密關係中，伴侶很快就會知道哪些話題是禁忌，並且避免在與伴侶談話時觸及。然而，這種審視模式會導致親密關係更緊張。

在無防衛心的情況下，我們會敞開心胸接納新的經驗，而且想要試著突破自我防衛的習慣模式。無法以開放態度接納生命中的模糊性的人，往往有壓抑和僵化的傾向。他們重視可確定性和可預測性，並且透過例行性、習慣性、由角色決定的行為，來因應生活中的事物。這些伴侶通常仰賴熟悉且習慣性的活動，例如固定在週六晚上約會，來帶給自己安全感。

保持開放態度會讓我們承擔更多的風險，並且強烈渴望擴大自己的界線和生活經驗。將人生視為一場冒險以及尋找個人意義的獨特機會，而非遵循外在來源強加給我們的指令，是很有價值的想法。

特質❷：誠實和正直

謊言與欺騙行為，對親密關係具有極大的殺傷力。它們不僅會粉碎伴侶眼中的現實世界，也會令他們開始懷疑自己所相信的真相。遭到背叛的伴侶最終會覺得自己從未真正了解過對方，這是一種毀滅性的感覺。不僅如此，當伴侶對彼此不誠實且缺乏誠信時，溝通也會逐漸破裂。言行不一的矛盾訊息，會使親密關係籠罩在混亂與疏遠的氛圍中，而且言語與內在感受之間的落差愈大，受到擾亂的可能性就愈大。

誠實且值得信賴的人，在他人或自己面前都能真實的展現自己。為了達到這種程度，我們必須不厭其煩的認識自己。當我們願意面對自己人格中令人不愉快的部分，就能逐漸朝正面的方向自我修正。

特質❸：尊重彼此的界線、目標和興趣

真正親密的關係中，伴侶會尊重彼此的界線、興趣和願望。獨立自主的伴侶會透過言行，真誠尊重彼此的目標和優先事項——即使與自己的目標或興趣不一致。

當人們還沒有脫離人生早期對原生家庭形成的情感依賴，通常就會期盼從親密關係和婚姻中，獲取比實際更多的安全感。他們往往存有不切實際的期望，以為自己的所有需求都會在婚姻關係中得到滿足。這種想法會為親密關係帶來沉重的負擔，因為很顯然沒有人能滿足這種不切實際的期望。在以幻想連結為特徵的親密關係中，伴侶雙方通常都覺得有義務滿足對方的期望。**只有當我們找回自己的重心、擁有自我價值感、真正關注自己，才能維繫健康的親密關係，並且以自己和伴侶的個人自由作為最優先的考量。**

特質❹：親密的身體接觸與性愛交流

健康的親密關係裡，肢體上的親熱接觸與性愛行為會自然發生，而且有緊密的情感交流。伴侶雙方都會認為性愛是取悅自己和伴侶的禮物，能讓生活更充實。他們會用成熟的態度看待性愛，不會把性愛視為與生活分開的獨立活動。他們對自己身為男人和女人的感覺、對自己身體的感覺，以及對性愛的態度，都會增強自我意識和幸福感。

以幻想連結為特徵的親密關係中，深情的性愛可能會變成公式化、例行性、缺乏情感，或機械式的做愛。其中一方或雙方可能會利用做愛來紓解焦慮或增強自尊心；或者減少做愛頻率，甚至完全停止。這兩種情況下，伴侶都錯失了體驗親密關係中可能最令人滿足的部分。這種關係退化的現象之所以會發生，通常是因為我們在最親密的關係中，缺乏了對愛的忍受程度，無法藉由這個獨特的機會在情感和性愛層面交流。我們以某種方式與伴侶保持距離，迴避了性愛與溫柔情感結合所帶來最有價值的體驗。

特質❺：能夠同理與理解

已形成幻想連結的親密關係，通常存在著缺乏同理與理解的現象。當人們覺得自己沒有被伴侶傾聽、認真對待或理解，就會感到受傷和憤怒。雙方都可能根據內在批判形成的觀點來扭曲對方，並利用這種扭曲的負面心態產生被對方誤解的感覺。發生這種情況時，他們可能會告訴自己：「他（她）根本不了解你。沒有人了解你。」這種扭曲心態使得伴侶難以同理與理解對方，對彼此的互動和整體關係造成負面影響。

用理解的心態對待伴侶，需要如實看見對方的優點和缺點、不誇大那些正面和負面的特質和行為。它意味著重視你和伴侶的共同與不同之處。沒有什麼比知道有人了解「你是誰」更快樂的了；真正親密的伴侶關係需要雙方對彼此有深刻的理解。為了增進理解，你和伴侶應該試著保持對話、溝通彼此的共同與不同之處。這樣的理解會發展出同理心，讓你們能夠彼此體會在某個情況下的感受。

特質❻：沒有威脅或操控的行為

學著在親密關係中直接表達你的需求和欲望，而不是用間接的手段（也就是操控）讓伴侶感到內疚或憤怒。在退化為幻想連結的親密關係中，伴侶可能會用嘮叨、抱怨、糾纏或威脅等各種方法讓對方就範，以達到自己的目的。但是當操控手段奏效時，他們通常只得到短暫而空虛的滿足感。有些人用霸道蠻橫的方式威嚇伴侶，包括辱罵、施暴，或者威脅說如果不照他們的意思做就分手。有些人則是過度依賴，表現出不成熟的行為，例如用情緒失控、冷戰或威脅自我傷害的方式來操控伴侶。在親密關係中不做出威脅或操控的行為，有助於伴侶維持彼此的良好感受，進而建立信任和安全感。

練習 40

檢視理想的伴侶特質

你認為你和伴侶擁有以下理想特質，還是有受到內在批判影響的特質和行為？

請根據下方陳述圈選答案。如果伴侶願意，可以影印一份給他（她）使用。

請圈選出你和伴侶表現出以下這些特質的頻率。

0＝從不　1＝極少　2＝偶爾　3＝多次　4＝經常

我	伴侶	特質
0 1 2 3 4	0 1 2 3 4	無防衛心且保持開放態度（能傾聽意見而不會反應過度；能接納新的經驗）
0 1 2 3 4	0 1 2 3 4	尊重對方的界線（重視對方的需求、優先事項以及與自己不同的目標）
0 1 2 3 4	0 1 2 3 4	表現脆弱的一面（願意表露悲傷的情緒、承認自己感到受傷等等）
0 1 2 3 4	0 1 2 3 4	誠實（直率、不欺騙、說到做到）
0 1 2 3 4	0 1 2 3 4	親密的身體接觸
0 1 2 3 4	0 1 2 3 4	性愛交流（對性關係感到滿意）
0 1 2 3 4	0 1 2 3 4	能夠同理與理解（不會扭曲對方的意思、重視彼此相同與不同之處）
0 1 2 3 4	0 1 2 3 4	樂於溝通（感覺彼此有共同的體認、感覺被理解）
0 1 2 3 4	0 1 2 3 4	沒有威脅或操控的行為

請圈選出你經歷以下這些感受的頻率。

頻率	感受
0 1 2 3 4	感到幸福
0 1 2 3 4	感到自信
0 1 2 3 4	感到樂觀

試著與伴侶談談理想特質

完成練習40之後，問問伴侶是否有興趣比較你們兩人在表格中圈選出來的數字。你可以選擇其中一項希望改進的行為特質（弱點或缺點）來討論，然後詢問伴侶的想法或意見。與伴侶對話時，試著傾聽並接納任何有用的意見，給自己一點時間來消化訊息，不要立刻做出反應。你必須記住，這些訊息來自一個熟悉你、用友善觀點看待你的人。最後，經由對話或討論，你們可能會吐露對彼此優缺點所抱持的感受。

擺脫防衛心、不再隔絕自我感受，才能更珍惜生活與生命

除了發展美滿的親密關係，我們還能如何增進人生的意義？在所有人際互動中展現仁慈，是個可靠的心理健康準則，而且有助於建立良好的自我觀感。學習專注於人生的靈性層面，會為我們的存在帶來更多意義。或許最重要的是，認識到所有人都會面臨的「存在的現實」（existential realities），我們就能對自己和他人產生深刻的憐憫。

練習在所有人際關係中展現仁慈

仁慈是指我們對家人、朋友和其他人發揮同理心和憐憫心的行為。在理想情況下，仁慈的行為包含了施予者的善意，以及接受者願意接納善意的開放態度。

仁慈的行為可以消除自我批判的心態以及嘲諷別人的念頭。當我們有機會透過細膩的仁慈舉動為他人付出、不受拘束的奉獻自己的時間與心力，就可以逆轉內在批判警告我們壓抑仁慈與善良天性的指令、反抗自我設限的防禦機制，並且提升自尊感和自我價值。這是個循環性的過程：**當我們愈來愈重視自己並珍惜自己的經驗，自然就會積極的**

透過仁慈的行為，將相同的重視與欣賞態度延伸到其他人身上。能夠以行動實現利他的渴望，不僅令我們愉快，也會賦予人生特殊的意義。

仁慈可以釋放能量。當我們克服任何緊繃的心態，就能在人生的各個領域變得更有活力、更有效率。仁慈的心念是有感染力的，它會向外擴散，使其他人明白，付出可以創造幸福感和喜悅感。當我們的仁慈行為展現出對他人的惻隱之心以及符合他人需求的同理反應，我們就會經歷發自內心的喜悅感。當我們用更敏銳的心思對待他人，就會開始為他人的幸福著想，並且將這些感受置於自我壓抑或退縮的衝動之上。

學習接納他人的仁慈與善意，就跟學習如何仁慈待人一樣重要。當人們為你付出，內在批判的攻擊會變得非常強烈，因為接納他人的善意會威脅到幻想連結中的自我撫育層面，所以這是打破防禦機制的重要關鍵。**以正面方式回應並感謝別人對我們的仁慈與善意，本身就是仁慈的行為。**

培養靈性觀點，欣賞生命的奧祕

身為人類，我們具備體會靈性經驗的能力，可以超越物質需求的滿足，而且意識到人類難以理解的奧祕。在人生旅程中，許多事情會引發我們對大自然及未知領域的深刻欣賞，並產生喚起深刻情感反應的靈性經驗。這種對意義和靈性覺知的追尋，把我們帶到人類所能理解範疇的邊緣，促使我們接受生命的終極奧祕以及科學與理性的局限性，在最深刻的層面上明白如何當個真正的人。

接受生命的不確定性和模糊性，我們就能知道沒有絕對的「真相」等著發掘；我們會知道，只要無法找出事實，我們就有權選擇並擁抱關於生命起源和本質的看法。我們會發展出自己的信念，而非不加思索的接受先入為主的宗教教條或其他信仰系統。

意識到「存在的現實」

面對自己終將死亡的事實，能為我們人生賦予深刻的意義。如果在比較脆弱、防衛心較低的狀態下想像生命的終結，我們就會意識到每一刻的珍貴，也可能會投入更多心力來維繫關係。對死亡有所認知以及面對自己的悲傷和恐懼，可以使我們激發出更大的創造力，並且更仁慈的對待他人。

情緒健康、把防衛心降到最低的人，會用心投入於生活中，而且對好事和壞事都有適當的情緒反應。當我們根據真實的事件和狀況產生情緒反應，而非聽從內在批判的指使繼續自我防衛，就能以開放的態度接納痛苦的感受。例如，二〇〇一年九月十一日早晨，大多數人一打開電視，立刻被這些頭條消息轟炸：「恐怖分子劫機撞毀世界貿易中心：恐有數千人死亡」、「五角大廈遭到自殺式飛機攻擊：死亡人數未知」、「總統表示恐怖攻擊是戰爭行為」。

身為有感覺且能意識到各種「存在的現實」的人類，我們對這些事件該如何反應？面臨人們以不人道方式對待他人的種種情況，防禦機制似乎有必要存在，然而殘酷和不公正的作為、恐怖攻擊和種族戰爭，其實源自於不誠實及防衛性的思考與生活方式，它們剝奪了人們對自己和他人自然產生的憐憫心。

許多人誤以為，個人成長與發展可以使他們對日常生活中的痛苦不那麼敏感，也較不容易受到失敗、拒絕、損失等不幸事件造成的影響和傷害，但事實正好相反。情緒健康的人會敏銳的感受到日常生活中會減損幸福感，或者對最親近的人帶來不利影響的事件。他們對情緒痛苦的反應，似乎比放棄許多防禦機制之前還要靈敏。

另一方面，當我們降低防衛心，就更能應付焦慮和壓力，更不容易受到負面思考、憂鬱等情緒困擾症狀的影響。**我們愈接納自己的情緒，就愈能容忍不理性、憤怒、好強或其他「難以接受」的感覺。也因為如此，我們在與家人和朋友的互動過程中，比較不會被迫發洩這些負面情緒**。相反的，保持防衛心態並隔絕自己感受的人，往往會在受到輕微忽視或者想像自己遭到拒絕時，變得很情緒化；但是當遇到真正的困難或逆境時，卻缺乏情感上的反應。他們似乎無法直接體驗周遭的世界，且會用習慣或由角色決定的反應，來面對生活中的重要事件。由於防禦機制壓抑了真實的感受，因此他們的反應較為機械性、缺乏情感或偏向認知性。

帶著對生存問題的深刻體悟過生活，似乎會讓人痛苦得難以承受，因此許多人在情緒層面上會處於慢性自殺的狀態。內在批判具有強大的影響力，使我們逐漸拋棄積極生活的模式，而且正如它慫恿我們不要付出愛以免在人際關係中遭到拒絕一樣，它會說服我們不要在生活中投入情感，以獲得能夠掌控死亡的假象。

這種與深刻認識人類的痛苦及死亡本質有關的兩難困境，會促使我們選擇重新披上防禦盔甲，或選擇過著無防衛心的生活。然而我們可以選擇直接面對死亡，為自己和所愛的人終將離開的事實感到悲傷。了解所有人最終都面臨著相同的命運，會使我們以更仁慈及諒解的心態看待他人。我們不會認為自己比不上別人或者比別人優越，也不會賦予任何人較高或較低的地位。當我們意識到自己的時間有限，就會更珍惜生命與生活。